Zwischen Warthe und Obra.

Ein Beitrag zur Heimatkunde

Von

Friedrich Schild,
Oberlehrer.

überarbeitete Neuauflage
der Original-Ausgabe von 1906,
nach einem Exemplar im Privatbesitz.

herausgegeben von Steffen Großpietsch

Zwischen Warthe und Obra.

Bibliografische Information der Deutschen Nationalbibliothek:
Die Deutsche Nationalbibliothek verzeichnet diese Publikation
in der Deutschen Nationalbibliografie; detaillierte
bibliografische Daten sind im Internet über dnb.dnb.de abrufbar.

Herstellung und Verlag: BoD – Books on Demand, Norderstedt
ISBN 9783755778516

Zwischen Warthe und Obra.

Ein Beitrag zur Heimatkunde.

Die Landschaft.

Schon Girard[1], der erste, welcher sich genauer mit der norddeutschen Tiefebene beschäftigt, macht auf den großen Unterschied der Landschaften westlich und östlich der Elbe aufmerksam. Während die weiten Flächen von Niedersachsen, Friesland und Holland den eintönigen Charakter eines ununterbrochenen Flachlandes tragen, ist im Osten der Elbe fast immer die Linie des Horizonts von irgend einer einzelnen Kuppe, oder einem Höhenrücken unterbrochen. Hier wechseln Hügel, wenn auch nur von Sand und Lehm gebaut, mit tiefen Tälern und See-

---

1 Girard, Die norddeutsche Ebene. Berlin 1855.

1

flächen; geschäftige Bäche eilen über zahlreiche Mühlen fort, den tieferen Gegenden zu. Die meisten Eisenbahnen führen zwar durch ein eintöniges und ebenes Gelände, weil man so viel als möglich alle Terrainschwierigkeiten zu vermeiden suchte. Wer auf ihnen längere Wege zurücklegt, ahnt in den wenigsten Fällen, daß weite Strecken aus ziemlich hoch erhobenen Landstrichen bestehen. Auf ihnen wechseln Hügel und Täler, Hochflächen und tiefe Kessel viel und oft anmutig miteinander. Meist sind die Kessel, oder spaltenförmigen Vertiefungen mit stehenden Gewässern erfüllt, und schöne und ausgedehnte Seen geben diesen Gegenden einen eigentümlichen Reiz.

So ist auch die Landschaft zwischen der Warthe und der Obra beschaffen. Girard hebt bei der genaueren Beschreibung des Warthelandes besonders die Gegend von Gorzyn, als eine der anmutigsten Posens hervor. Eine Fahrt auf der Eisenbahn von Rokietnice nach Reppen zeigt schon einige der schönsten Landschaftsbilder. Von Rokietnice bis Pinne ist eine ziemlich einförmige Hochfläche, aus der sich nur kurz vor Pinne der Chelmnoerberg im Süden erhebt. Dann wird es hügliger, und wir fahren an mehreren Seen, die auf der Hochebene liegen, am Pinner See und am Luboscher See, vorüber. Darauf durchschneiden wir viele Täler, erblicken langgestreckte Seen und kommen über hohe Dämme und durch mächtige Einschnitte an das Wartheufer nach Birnbaum, weiter vorüber an hohen, sich weit hinziehenden Bergrücken, zwischen Wierzebaum und Betsche und da an dem mächtigen Scharziger See, über die Obra in den breiten Meseritzer Kessel, dann vorbei an Hügeln und Seen bei Kurzig hinauf auf die Hochfläche des Sternberger Ländchens nach Zielenzig.

Um ein Beispiel für die wechselnden Reize dieser Landschaft anzuführen, möchte der Verfasser den Leser auffordern, den Zug in Kwiltsch zu einer kleinen Wanderung zu verlassen. Wir kommen zunächst durch das große Dorf Kwiltsch, vorüber an der von alten Bäumen umgebenen Kirche, vorbei an den Steinmauern des Wirtschaftshofes, die auf den Reichtum der Gegend an Geschieben hinweisen, und gehen weiter an dem im grünen Parke gelegenen Schlosse vorbei nach einer Chaussee, die nach Zirke führt. Rechts liegt tief unten, zwischen Wiesen, der kleine Kwiltscher See, im Süden umrahmt von dem Parke, im Norden, hoch oben am steilen Uferrand, von einem Wäldchen. Wir folgen einem sich senkenden Hohlwege, mit stattlichen Kastanien besetzt, und gelangen durch das sich immer tiefer senkende Tal, über ein Mühlengehöft, an den Bach. Links geht an ihm ein schmaler Fußweg durch die Wiese im Schatten dunkelgrüner Erlen und Sträucher, die sich an dem Abhang hinaufziehen, von dem zahlreiche Quellen dem Bache zufließen. Der Weg führt über eine kleine Matte zum Wehr am Mühlenteiche, der verschwiegen, mit Mummeln bedeckt, daliegt. Nun mündet der Fußsteg in den breiten Fahrweg an der Leschnik-Mühle ein. Links geht es steil im lehmigen Hohlwege hinauf auf die Höhe, rechts verbreitert sich das Tal zu einer Wiese, an deren Rand, wie eine mächtige Kuppel, der Buchwald sich erhebt. Wir streben der höchsten Erhebung zu und gehen über Berg und Tal quer durch die hohen, schlanken Säulen der Buchen hinaus nach kleinen Kieferschonungen auf sandigen Anhöhen. Das breite Tal mit den grünen Bachufern liegt unter uns. Der Bach treibt noch mehrere Mühlen. Bei der zweiten, wo mitten in einem Wäldchen ein murmelnder Seitenbach mündet, gehen wir auf einem Landwege dem Dorfe Moschiejewo zu. Wir lassen das Tal zur Linken, überschreiten hinter dem Orte lehmige, fruchtbare Höhen und sehen plötzlich weit hin über das Land, bis an die Berge nördlich der Warthe; wir erblicken das Ende unseres Tales. Tiefer unten erglänzt die Spitze des weißleuchtenden Kirchturmes von Luttom in der Nähe des langgestreckten Sees, dessen Spiegel nur stellenweise aufblinkt. Von der erreichten Chaussee biegen wir nach Westen ab, bis zu der Stelle, wo ein hoher Damm das Tal durchquert; am Durchlasse steigen wir wieder hinab an das erlenbestandene, steile Bachufer. Nicht weit davon liegt mitten im Wasser ein moosbedeckter, mehrere Meter großer Steinblock, der vor Abertausenden von Jahren aus seiner nordischen Heimat mit dem Inlandeise wanderte, um hier einen Ruheplatz zu finden. Die zerstörende Menschenhand hat durch Sprengen sich ihn nutzbar

4

zu machen versucht, da er aber zu weich war, davon abgelassen. Moos und Flechten werden seine Wunden bald schließen. Wir halten uns ein wenig mit dem Photographieren dieses romantischen Plätzchens auf, doch schon allzu lange. Eine weiße Wolke, die sich wie ein Löwenhaupt schon lange vorher drohend erhob, hat sich schnell als dunkler Mantel über den Himmel gezogen, und grollender Donner mahnt zur Eile. Umsonst, ein starker Guß durchnäßt uns in wenigen Minuten. Bald ist alles vorüber. Jetzt gehen wir jenseits der Höhe dem Weidenwege zu, der in seinem unteren Teile in einen Gießbach mit schlammigen Fluten verwandelt ist. Er führt hinauf in ein kleines Dorf, Groß-Lenschetz, dessen Dächer sichtbar werden. Unten am Bach, am schilfumrahmten Weiher, liegt eine Mühle, links oben auf der Höhe ein herrlicher Park auf sanft ansteigenden Hügeln. Schattige Wege führen hinein, auf einer breiten Treppe von Feldsteinen in die Höhe; auf einer grünen Waldwiese, deren Rahmen links düstere Fichten bilden, plätschert ein Springbrunnen, im Hintergrunde streckt auf dem Hügel eine mächtige, breite, alte Buche ihre Zweige empor. Dicht an dem noch am obern Talrande etwas versteckt gelegenen Gutshofe vorbei, führt die Chaussee nach Norden. Nach Westen zu liegt immer noch das Tal des Flüßchens unter uns, das zwischen breiten Wiesen sich hinschlängelt, um in den großen Bialtscher See zu münden, der, dem „Meerauge" vergleichbar, aus der Tiefe heraufglänzt. An der nächsten Biegung der Straße fällt die rechte Seite bald steil ab. Eine neue Talsenke öffnet sich, an deren gegenüberliegendem Rand über dem waldumkränzten Ufer einer Seebucht zwischen grünen Bäumen das bunte Dach eines Gutshauses hindurchschimmert. Malerisch am Bergabhange liegt hier das Dörfchen Klein-Lenschetz. Wenn wir der Chaussee weiter folgen, so erblicken wir hinter dem Walde auf der einen Seite zwei kleinere Seen, auf der anderen das große Becken des Chrzypskoer Sees, dessen schilfumwachsenden Buchten weit in das hügelige Land einschneiden. Das Dorf Groß-Chrzypsko liegt auf der nördlichen Höhe; besonders ragen heraus das evangelische Kirchlein, der kurze, eckige Turm und das breite, rote Dach der katholischen Kirche und das weiße Gutshaus. Wir wandern zur Wohnung des Fischers und unternehmen eine Fahrt über den See. Das Boot gleitet vom hohen Nordufer herüber zu drei, mit Bäumen bestandenen, flachen Inseln. Zwischen den Inseln nach Norden hin ist der hellgrüne Grund trotz der Schlingpflanzen zu sehen; an einer Stelle liegen dicht an der Oberfläche mächtige Felsblöcke. Jenseits der Inseln erweitert sich der See zu einer großen Bucht, an deren hohem Ufer die Häuser eines anderen Dörfchens wie angeklebt erscheinen. Steil ist die waldige Ostseite, im Süden stehen in einer breiten Vertiefung einzelne Gehöfte. Die vom Regen überschwemmten Wiesen beleben grasende Gänse und weidendes buntes Vieh. Dort, wo ein Berg steil an den See herantritt, landen wir

6

und klimmen empor, um einen Rundblick weit über den See zu gewinnen. Oben führt der Weg an zwei alten, moosigen Strohhütten entlang, vorüber an kleinen Pfuhlen, aus denen der melancholische Glockenton der Unken ertönt, vorbei an einer tiefen Grube, aus der vor einiger Zeit ein 4 m langer Stein zu Tage gefördert wurde, nach der Klein-Lenschetzer Mühle. Hier gehen wir dem Abflußbache des südlich gelegenen Bialokoscher Sees aufwärts nach. Dicht hinter der Mühle fängt eine schmale, tiefe Schlucht an; zwischen Erlen und Haselgebüschen springt in schnellem Lauf über große Steine der Bach und bildet an einer Biegung einen kleinen Wasserfall. Bald kreuzt er den Weg, große Steine bilden eine Brücke, auf die linke, steilere Seite führt ein Steg aus rohen Baumstämmen zu einem schmalen Fußpfade empor. Wir folgen diesem, um einer munter talab springenden Herde auszubiegen die den Weg versperrt, teilweise aber an der Höhe auf auf ausgetretenen Pfaden zwischen hohen Birken umherklettert. Das Bachufer wird nun quellig und sumpfig, bedeckt von hohen, großblättrigen Waldpflanzen. Wo, von einem Holunderstrauche fast verdeckt, ein Wassersturz über moosige Steine sprudelt, erreichen wir den Hauptweg wieder, der noch immer steil aufwärts führt. Dann wird die Talsenke flacher, das Wasser fließt ruhiger, kleine Wiesen ziehen sich daneben hin, bis sich der Bach noch einmal verengt. Doch auch hier rinnt er jetzt ruhig zwischen hohen Farnen und großen Steinblöcken über Sand und

Kies, die ein Wolkenbruch hergeschwemmt, und wir erreichen unter dem dichten Blätterdache der Erlen einen breiten Fahrweg, an dem Krautbeete in dem jetzt breiteren, moorigen Tale, sich hinziehen. Auf der anderen Seite liegt Wald, wir folgen dem Wasser, am hohen linken Ufer stehen die vom langen Regen geschwärzten Roggenmandeln; an einer kleinen Brücke springt, erschreckt durch die Wanderer, ein starker Rehbock in den schützenden Wald. Eine breite, von Hochwald umrahmte liebliche Waldwiese öffnet sich, Torfhaufen stehen neben einem einsamen Trockenschuppen, einige Rehe äsen ruhig, ohne nach den Störenfrieden zu äugen, im hohen Grase. In gekrümmter Linie zieht die Erlenreihe am Bache sich hin, der von einer zierlichen Brücke aus weißglänzenden Birkenstämmen überspannt wird; dunkles Tannendickicht und am anderen steilen Rande alte Buchen und Eichen begrenzen den Ausblick. Am Ende des Tales ragen einige kahle Pyramidenpappeln empor. Dort kommt der Bach heraus aus dem langen Bialokoscher See. Bald taucht er vor uns auf, mit vielen Buchten und hohen, waldigen Ufern, wie ein breiter Strom, belebt von zahlreichen Enten, von Tauchern, die die Jungen auf dem Rücken tragen, und Wasserhühnern. Hoch über den Bäumen schwebt auf den See, nach Beute spähend, schreiend, die Rohrweihe. So könnte unsere Wanderung weiter gehen um das schöne hügelige Westufer des Sees mit dem Otterwerder und der Schwedenschanze, und noch manchen Tag könnten wir brauchen, um alle sehenswürdigen Punkte in dem Gebiete zwischen Warthe und Obra zu besuchen.

Hingewiesen soll nur noch werden auf das mit alten Buchen bestandene Steilufer am Luttomer See, auf den stillen Buchenwald von Chalin am Schrimmer See, auf die Eichen und Buchen bei Kulm, auf das Tal des Kähmer Fließes, auf die Hügellandschaft um den Gorzyner See, auf die Hügel mit weiter Fernsicht bei Stalun und am Liebucher See, auf die Schwedenschanze am Rybojadler See, auf die stillen Seen in der Betscher Heide, auf die Steilufer der Obra bei Weidmannruh und auf den Schloßberg an der Grunziger Heidemühle und so vieles andere mehr. Viele dieser Schönheiten sind zur Zeit schwer zu erreichen, doch die im Bau begriffene Bahn von Birnbaum nach Samter wird nach ihrer Vollendung ihnen neue, begeisterte Freunde zuführen.

Die Oberflächengestaltung und Bewässerung.

Im Westen wird das zu schildernde Gebiet begrenzt von der Sternberge Platte. Vom Obratale[2] aus gesehen, gleicht sie mit ihren Bergen, Tälern und hochgelegenen Ortschaften einem kleinen Mittelgebirge. Eine Bahnfahrt von Meseritz nach Zie-

---

2 Höhnemann, Zur Heimatskunde von Landsberg. 1896.

lenzig führt aus einer Höhe von 51 m, bis auf 93 m bei Tempel, zwischen Tempel und Schermeisel auf 125 m bei Beginn des Waldes, auf 170 m bei Grochow, auf 137 m bei Schermeisel, dann bleibt die Höhe bis gegen 121 m, um bei Zielenzig im Tale der Postum auf 80 m herunterzusinken. Einzelne Kuppen des an schönen Landschaften reichen, geographisch und geologisch interessanten Sternberger Ländchens erheben sich mehrfach über 200 m. Die höchsten Kuppen liegen im Buchwalde in der Nähe der Bechenseen, eine Kuppe am kleinen Bechensee, 211 m hoch, steigt vom Seespiegel 80 m hoch empor, der höchste Punkt 227 m liegt im Walde nach Osten zu. Nach Norden fällt die Platte allmählich ab, um in einem breiten, 50-60 m hohen Waldstreifen überzugehen, der das breite Tal der unteren Warthe nach Süden begrenzt. Nach Osten zieht sich eine Hochfläche hin, die südlich von Meseritz meist bis zu über 100 m ansteigt. Einzelne Hügel liegen noch höher, z. B. die Russenberge bei Kainscht 132 m. In dieser Hochfläche zieht sich erst nach Osten verlaufend ein Tal hin, das vom großen Bechensee (131 m)[3] ausgeht und einen Teil des dortigen Buchwaldes, die Laasenwiesen, entwässert. Dieses Gewässer treibt die Tempelschen Mühlen (89 m), durchzieht bis Pieske breitere Wiesenflächen (78 m), biegt dann in großem Bogen als Priester Fließ, oder Regenwurm nach Norden um, bis zum Kurzi-

---

3 Die eingeklammerten Zahlen geben die Höhe über dem Meeresspiegel an.

ger See (41 m). Das Tal ist tief eingeschnitten, der Rand oft 20 bis 30 m über der Sohle. Zuerst ist es hinter Pieske noch breit und bildet nach Norden ein Seitental, in welchem der ringsum von Höhen begrenzte, nur 3 m tiefe, stark verwachsene Strauchsee liegt, dann wird es immer enger. Mit starkem Gefälle und in unzähligen Windungen schlängelt sich der Bach nach der Frankfurter Chaussee, um bei der Kurziger Mühle in einem weiten Wiesentale in den Kurziger See münden. Dieser fließt nach dem Langen See und Höllengrundsee (40,6 m) ab. Aus letzterem geht das Heidenmühlenfließ bei der Grunziger Heidemühle in die Obra (38 m). Nach der Obra zu flacht sich die hüglige Hochfläche ganz allmählich ab. Einen imposanten Eindruck gewähren die Kurziger Berge, die sich über den See und die Talsohle bis 60 m erheben. Der steile Rand an der Eisenbahn ist von langen, vielfach verästelten, tiefen Schluchten zerrissen. Die Hochfläche im Süden von Meseritz wird teilweise durch das Tal der Packlitz entwässert, das im Bogen von Westen nach Norden verläuft. Der Abfluß des Hochwalder Sees (79 m) geht nach dem Packlitz-See (66 m) und weiter von Paradies bis Schindelmühl (61 m) in einem sich stark verbreiternden Tale. Nach der Verengung fließt die Packlitz durch den Wischener und den Bauchwitzer See (59 m und 58,8 m) nach Nordost der Obra (47 m) zu, so daß sie im kurzen Unterlaufe ein großes Gefälle besitzt. Südlich von Schindelmühl im Brätzer Forst (66 m) beginnt das breite Tal der faulen Obra, die sich zwischen torfigen Wiesen mit schwachem Gefälle über Brätz (63 m), Bomst (54 m) nach Süden, zum alten Warschau-Berliner Urstromtale (53 m) hinzieht.

Dieses Urstromtal fällt mit dem Warthelauf bis Moschin zusammen. In ihm verläuft der Obrakanal[4]. Das breite Tal hat seinen Südrand unterhalb Schrimm, den Nordrand bei Moschin. Ein Kanal entwässert die merkwürdige Niederung, die in ihrem mittleren Teile den Namen des Obrabruches führt, nach Norden zur Warthe; zwei Kanäle, ein nördlicher und ein südlicher, entwässern den größeren Teil zur Oder. Der Scheitelpunkt der Niederung ist an der Stelle, wo die Breslauer Chaussee zwischen Pietrowo und Gluchowo das Bruch durchschneidet. Er liegt noch nicht 5 m über dem höchsten Wasserstande der Warthe. Der Kanal zur Warthe läuft von Sepienko bis Moschin. Von den Kanälen zur Oder zieht sich der Nordkanal in dem meist 4, oft 6, an der breitesten Stelle bis 10 km breiten Tale nach Südwest bis Kiebel, von dort nach Nordwest über Obra, Kopnitz in den Großdorfer See (53 m); der Südkanal läuft von Bonikowo über Priment, Mauche in den Rudener See (55 m). Der Obersitzko-Fluß zwischen diesem See und Unruhstadt hat fast kein Gefälle. Beide Kanäle führen das Wasser auf verschiedenen Wegen zur Oder, der südliche geht bei Unruhstadt vorüber nach Westen, der nörd-

---

4   Girard, Die norddeutsche Ebene.

liche führt sein Wasser durch die eigentliche Obra bei Schwerin in die Warthe.

Vom Großdorfer See folgt eine ununterbrochene Reihe von Seen von 36 km Länge, genau von Süden gegen Norden aufeinander, der Köbnitzer See (53 m), der große Bentschener See (53 m), der Naßletteler See (52 m), der Mühlensee im Süden von Tirschtiegel, der Große See und der Rybojadler See (51 m) im Norden von Tirschtiegel. Aus letzterem fließt die Obra nach NO heraus. Durch die Niederung, in welcher diese Seen liegen, wird ungefähr die Hälfte in einem fast quadratischen Stück von dem Plateau abgetrennt, das zwischen Frankfurt und Posen liegt, das also zwischen Warthe und Netze im Osten und Norden und zwischen Obrabruch und Oder im Süden und Westen eingeschlossen ist. Das Tal dieser Seenkette setzt sich nach Norden fort, es folgen der Wendromierz See (52,4 m) und der Chlopsee (53,7 m); diese haben ihren Abfluß heute nach Süden. Bei Betsche ist das Verbindungstal trocken und von dem darauf folgenden Scharziger See (56 m) abgesperrt. Der bei Betsche liegende Stadtsee (57 m) hat seinen Abfluß nach Norden, nach den moorigen Niederungen bei Stokki und Zielomischel. Auf den Scharziger See (56,3 m) folgt der Weiße See (55,1 m), dem das Wasser des benachbarten Staluner Sees (55,3 m) zufließt, der Schwarze See (54,7 m) und der große Liebucher See (54,6 m). In früheren Zeiten, bei höherem Wasserstande hatte dieser seinen Abfluß nach Norden durch den großen See bei Prittisch

(49,6 m) zur Warthe. Der jetzige tiefe Abflußgraben ist zur Gewinnung von Wiesenland erst vor ungefähr 30 Jahren dicht neben dem Gutshofe ausgehoben. Der Hauptabfluß aber ging einst nach Süden durch das große Luch bei Kalzig, den Glamboczek See (53,5 m) und den Solbener See (48,8 m) zur Obra zurück. Denselben Weg nahm auch das Wasser des dicht neben dem Liebucher gelegenen Rokittner Sees (55,7 m). Die Obra selbst kommt nördlich von Rybojadel, gegenüber den zwischen Seen gelegenen, über den Spiegel steil über 20 m hoch aufsteigenden Schanzenbergen aus der Seenkette (51,2 m) heraus, fließt in einem immer breiteren Tale, dessen rechter Rand steiler ist, und das sich hinter Reinzig verengt, nach Nordosten bis Politzig (49,6 m). Dann zieht sie sich, tief eingeschnitten, nach Westen in vielen Windungen zwischen steilen Ufern, mehrere Male in kesselartigen Talerweiterungen von Obergörzig nach Norden bis Blesen (34,2 m). Vor Blesen tritt der steile Uferrand oft weit auf der linken, oder rechten Seite zurück, so daß breite Talbecken entstehen. Von Blesen läuft der Fluß wieder in einem breiteren Tale nach Norden, biegt bei Althöfchen nach Nordosten um und erreicht in großem Bogen noch einmal in einem tiefen, schmalen Tale fließend die Warthe (26 m). Der Steilrand liegt oft, z. B. zwischen Obergörzig und Blesen, bei Weidmannsruh, mehr als 10 m über dem Flusse.

Meseritz liegt in einem großen Kessel, der südlich scharf begrenzt ist. Der Kessel reicht 2-3 km

14

nach Süden und ist fast eben, durchschnittlich 50-51 m hoch. Der Rand steigt dann schnell auf 70 m, und bei Kainscht liegt der höchste Punkt der schon näher beschriebenen Hochfläche (132 m). Ebenso ist der Westrand des Kessels, den die Frankfurter Chaussee überschreitet (73 m) und der sich auch jenseits des Durchbruches der Obra über den Schanzenberg (76,9 m) nach der Schweriner Chaussee hinzieht, deutlich zu verfolgen. Dies gilt auch vom Ostrande, der durch die Höhen bei Heidemühle, den Großvaterberg (75 m) dicht am Stokkensee (52,7 m), die Höhen von Kupfermühle bis an die Berge am Bobelwitzer See und bei Solben erkennbar ist. In NW, NO und N ist der Rand nicht so scharf ausgeprägt, der Kessel ausgedehnter, auch nicht immer flach, sondern zeigt im Wechsel Sandhügel (bis 58 m) und sumpfige, oder torfige Stellen, Reste des alten Seebeckens. Solche Reste sind der Grasige See bei Sorge, das große Birkluch nördlich davon, das Koppenluch bei Kalzig und das große Luch bei Solben. Auch einige kleine Seitentäler stehen mit dem Meseritzer Kessel in Verbindung, das Tal, in dem sich die Kette des Bobelwitzer Sees (51,5 m), des Mittelsees und des Hintersees bei Solben hinzieht, das kurze Becken des Großen und Kleinen Stokkensees und das breite Tal, in dem im Süden, durch ein kleines, bis 80 m hohes Plateau vom Kessel getrennt, der Niptersche See (58,8 m) und der Staakensee (57,4 m) liegt. Der Abfluß dieses Sees geht dann nach Norden durch den Kainschter See (47,7

m) zur Obra.

Im Norden des Meseritzer Kessels steigt bis zur Warthe wieder eine hüglige Hochfläche allmählich empor, die im Westen bei Gollmütz mit dem Galgenberg 107 m erreicht, nach der Obra zu sich aber abflacht. Nach Osten und Norden steigt sie schneller an. Der schwarze Berg im Süden des Liebucher Sees ist 87 m, einige Höhen bei Stalun 92 m hoch. Von Goray nach Scharzig zieht sich ein schmaler, wallartiger Höhenrücken hin, der bei Briefe über 100 m, im Trompeterberg 99 m erreicht, durchschnittlich aber nur über 80 m hoch ist und stellenweise über der Ebene sich bis 30 m erhebt. Nördlich der Chaussee, die von Wierzebaum nach Prittisch führt, steigt die Hochfläche in den Springbergen auf 120 m, im hohen Berge bei Goray auf 97 m und in einem Berge bei Striche auf 104 m an, um steil zum Warthetal, bis auf 30 m abzufallen.

Zwischen der Packlitz, dem Tale der faulen Obra und der langen Seenkette von Kopnitz bis Tirschtiegel, liegt eine Fortsetzung der südlich von Meseritz gelegenen Hochfläche. Auf ihr zieht sich die Chaussee von Meseritz nach Bentschen, sowie die Eisenbahn entlang. Von Westen steigt sie schnell an, ist im Norden am höchsten, meist über 100 m, stellenweise 130 und 132 m hoch. Von Meseritz aus erscheint die Hochfläche mit ihren Dörfern wie ein kleines Gebirge. Nach Süden wird sie niedriger und sinkt auf 80 m herab. Nach Osten flacht sie allmählich ab zu der breiten Niederung, die von Tirschtiegel bis Reinzig sich hinzieht; dagegen ist der Abfall nach dem Bentschener See etwas steiler. Die Ränder dieser fruchtbaren, lehmigen Hochfläche sind meist sandig und mit Kiefernwald bedeckt.

Die Nordgrenze des zu schildernden Gebietes bildet die Warthe.[5] Dicht vor Schwerin mündet das Obratal von Süden her in das Tal der Warthe, und kurz hinter Schwerin beginnt die schon vorher geschilderte Hochfläche. Diese setzt sich auf dem linken Ufer bis Neubrück fort, zerschnitten von vielen Längstälern und Kesseln, die durch kleinere und größere Seen erfüllt werden. Diese Hochfläche könnte man als „die westposener Seenplatte" bezeichnen. Sie bildet den nordwestlichen Zipfel der Posener Hochfläche[6], welche im Osten und Norden von dem Warthetale, im Süden vom Obrabruch und im Westen durch die Niederungen bei Neutomischel und Tirschtiegel begrenzt wird. Von Neubrück (38 m) läuft die Warthe nach SW in größeren, flachen Krümmungen. Das Tal ist zuerst schmal, erweitert sich bei Chojno. Bei Bukowce ist es nur 400 m breit. Hinter Zirke, in Marianowo ist das rechte Ufer 16 m über dem Strome, das Tal verbreitert sich nach einigen Windungen zu einem über 2 km breiten Talkessel gegenüber Chorzempowo, darauf noch einmal von Zattum bis Birnbaum zu einer bei Rade-

---

5   Girard, Die norddeutsche Ebene.
6   Wahnschaffe, Erläuterungen zur geol. Spezialkarte von Preußen. Blatt Lukowo. 1900.

gosch 2 ½ km breiten, mit fruchtbaren Wiesen bedeckten Niederung. Bei Birnbaum (32 m) macht der Fluß einen Bogen nach Süden, um nach 4 km östlichen, geraden Laufes bei Muchocin 4 km nach Norden zu fließen. Bei Merine geht er mit vielen Windungen bis Schweinert nach Osten, um bis Schwerin (26 m) nach SW zu biegen. Das Gefälle von Neubrück bis Schwerin beträgt ungefähr 12 m. Von Merine bis Schwerin wird das Tal, namentlich nach Süden, immer breiter, und die Ortschaften dieser Niederung sind durch Deiche vor Überschwemmungen geschützt. Auf dem linken Ufer ziehen sich diese Dämme hin von einem Punkte in der Nähe der Oberförsterei Vorheide bis Alt-Merine, nach einer Unterbrechung von Krebbel bis Schweinert, auf dem rechten von Muchocin-Hauland bis Neu-Lauske mit geringen Unterbrechungen. Bei Krebbel ist das Tal gegen 3 km breit, während die Breite des Flusses von Neubrück bis Schwerin gegen 80-100 m beträgt.

Nach Norden zieht sich von der Warthe bis zur Netze ein breiter Rücken hin, der von Süden her allmählich bis auf 2 Dritteile des Weges gegen die Netze hin ansteigt und dann schnell gegen das Netzetal abfällt, das bedeutend tiefer liegt als das Warthetal. Er steigt stellenweise bis 80, auch 90 m an und ist durchzogen von zahlreichen, wellenartigen Sanddünen, bedeckt mit einem Kiefernwalde, der sich von Schwerin bis Wronke 60 km lang und meist über 10 km breit, ununterbrochen hinzieht. Im

18

Süden der Warthe beginnt östlich von Striche das Seenreiche Gebiet, das bis in die Gegend von Neubrück und Pinne reicht, wo es allmählich in die flache Posener Diluvialhochfläche übergeht. Nahe der Warthe steigt das Terrain schnell auf 70 m, während die durchschnittliche Höhe 100 m beträgt. Viele Punkte sind noch höher; wir finden bei Dormowo 116 m, zwischen Kähme und Mechnatsch 112 m, bei Pruschim 106 m, bei Rozbitek 115 m, die Entenberge bei Orzeschkowo 123 m, bei Moschiejewo 121 m, bei Groß-Leschetz 108 m, am Nordufer des Bialokoscher Sees 107 m, nördlich von Lubosch 110 m und nördlich von Pinne 124 m. Die Hochfläche wird von vielen Tälern, die von Süden und Norden gehen, zerschnitten und ist mit vielen trocknen, oder mit Wasser gefüllten, kleinen und größeren Kesseln bedeckt.

Auf der Höhe zwischen Wierzebaum und Altgörzig liegen einige kleinere Seen (42 m), welche nach dem Großen Weinberg-See (36,5 m) abfließen, der mit der Warthe in Verbindung steht. Ein längeres Tal beginnt mit dem Lowiner See (76,3 m), dessen Abfluß die Dormowoer Seen durchfließt (71,3 m). Dieses zieht sich tief eingeschnitten, da die benachbarten Höhen es durchschnittlich um 30 m überragen, mit starkem Gefälle von Mühle zu Mühle. Die Höhen sind: Dorfsee in Dormowo 70,5 m, nach 1,3 km Neue Mühle 64,9 m, nach 500 m Alte Mühle 57 m, nach 2,2 km Heinrichmühle 50,5 m. Der Bach fließt in den Gorzyner See (44,6 m). Es kommen also auf 4 km 26 m Gefälle. Hinter der Alten Mühle zweigt sich ein tiefes Tal ab, das über Skrzydlewo, dann parallel dem Kähmer Fließ über Viktorowo (36 m) bei Bielsko vorbei zur Warthe (33 m) geht. Ein sehr kurzes Paralleltal ist bei Birnbaum, in welchem der Strauchsee liegt, der nach dem Küchensee dicht an der Warthe abfließt. Der Gorzyner See steht in Verbindung mit dem Dorfsee (44 m) bei Altgörzig, dessen schluchtenreicher Südrand sich steil, fast 30 m über dem See erhebt. Letzterer sendet sein Wasser in den großen Tutschensee (43,8 m), dessen Abfluß-graben bei Muchocin zur Warthe (31 m) geht.

Das Tal des Kähmer Fließes hat seinen Beginn viel weiter südlich bei Lewitz in einem zirkusähnli-chen, vertorften Kessel (76 m), dessen Rand über 20 m höher liegt. Das schmale Tal zieht sich mit 20 m hohen Rändern nach Norden, nimmt von Westen bei Krzyszkowko einen Seitenbach auf, verbreitert sich etwas bei Klein- und Groß-Münche. Dann wird es tiefer, denn der Rand ist 30-40 m hoch. Das Kähmer Mühlenfließ staut sich in dem 400 m breiten Tale zu einem kleinen See (45 m), der 30 m tiefer als die Häuser von Kähme liegt, um dann als schmaler Gra-ben in breiten Trockentale durch den Kulmer und Bielskoer See (35 m), dann durch den Schulzen-See und den Beltsch-See (34,5 m) in die Warthe zu mün-den. In der Nähe des Bahnhofs Pruschim, dicht an der Eisenbahn, liegen einige Kessel und längliche Vertiefungen (83 m). Sie bilden den Anfang des sich schnell senkenden Tales, in dem der Küchensee (53

m) bei Pruschim liegt. Sein Abfluß geht durch den Lubiwitz-See (43 m) als Belline zur Warthe. Ebenfalls mit einigen Söllen und länglichen Depressionen (71 m) beginnt 1 ½ km östlich von Pruschim das Tal, in dem der große Lawicaer See (37 m) liegt, dessen Steilufer den Spiegel 20-30 m überragen. Er steht in Verbindung mit dem Janukowo-See, dessen Abfluß teils der benachbarten Belline, teils direkt bei Zattum der Warthe zueilt. Perlschnurartig in einer Reihe liegende Sölle und trockene Vertiefungen südlich von Mechnatsch bilden den Beginn eines vom Pruschiner Küchensee nur 2 km entfernten Tales, das sich bald darauf zu einer torfigen Mulde an der Eisenbahn verbreitert, dann nach NO biegt, bis zur Kurnatowitzer Mühle (46 m), wo ein Seitental von Westen einmündet. In diesem Tale liegt dann weiter der kleine Chaliner See und der große Schrimmer See (39 m), dessen Steilrand sich 20-30 m über dem Wasser erhebt und der Plutnosee (39 m), der zur Warthe (36 m) abfließt. Nördlich davon liegen ungefähr in derselben Höhe der Goraer See und der mitten im Walde gelegene Glemboczek-See, der durch einen schmalen Graben mit der Warthe verbunden ist. Dem Jaroszewoer See (39 m) fließt das Wasser einer sumpfigen Mulde (56 m), eines alten Seebeckens, beim Vorwerke Geisberg zu. Er selbst fließt bei Zirke in die Warthe ab.

Das Tal des Luttomer Sees, welcher sich in der Länge von 5 km, bei einer Breite von 200 bis 300 m erstreckt, beginnt bei der Chausseekreuzung östlich

vom Vorwerk Upartowo mit zwei flachen, wasserer-
füllten Vertiefungen (90 m) und senkt sich jenseits
der Chaussee sehr bald zu einer breiteren, trockenen
Mulde (83 m), die dann mit einer schmaleren Rinne
durch sehr hügeliges Gelände mit einem kleinen See
(46,5 m) endet. Dieser fließt dann in den Luttomer
See (37,6 m) ab. Die Ufer erheben sich auf der
Westseite bei Grabitz bis 30 m über den Spiegel und
sind von vielen, oft tief in das Land einschneiden-
den, auch teilweise verzweigten, mit Buchen bestandenen Schluchten zerrissen; dann wird nach Norden
das steile Ufer allmählich niedriger und liegt nur
noch 10 m über dem See. Das Ostufer ist weniger
steil abfallend und wird durch die breite Senke, in
der das Luttomer Fließ mündet, durchbrochen, im
Durchschnitt sind aber auch hier die Hügel zuerst
30, dann nur 10 m über dem Seespiegel. Die auf der
Hochfläche gelegenen Seen bei Groß-Luttom, der
Bragant-See (52 m) und der kesselförmige Golecze-
wer See (49 m), dessen Rand sich unmittelbar am
Wasser 10 m hoch erhebt, fließen nach dem Fließ
und dem See ab. Der Abfluß des Luttomer Sees geht
nach einigen Windungen als Osczinica in die Warthe.

2 km westlich vom Südende dieses Sees zieht sich
ein Paralleltal hin, dessen Beginn weiter südlich
liegt. Die Abflüsse einiger Wiesen und Vertiefungen
bei Milostowo (90 m) und der Torfniederung bei
Wituchowo (94 m) gehen vereinigt nach dem Kwiltscher See (80 m). Dieser See, dessen Nordrand 108

m hoch liegt, fließt nach NO in einem tiefen Tale zur Kwiltscher Mühle und dann zur Leschnik-Mühle (75 m), wo er sich zu einer Torfwiese erweitert am Rande des hochgelegenen Buchenwaldes, dessen höchster Punkt, der Turmberg, auf 126 m sich erhebt. In dem verbreiterten Tale geht zwischen den über 100 m hohen Hügeln das Kwiltscher Wasser zur Neumühle (64 m), Obermühle (61 m) und Untermühle (57 m). Dicht dahinter fließt es unter dem hohen Chausseedamme hindurch. Bei Groß-Lenschetz staut es sich nach einem schmalen Durchbruch in einem Kessel (47 m) und treibt die letzte Mühle, um dann in einem breiteren Wiesentale in das Sammelbecken des großen Bialtscher Sees (39,7 m) sich zu ergießen. Dessen Abfluß geht als Luttomer Fließ zwischen steilen, über 20 m sich erhebenden Hügeln dem Luttomer See zu. Der Bialtscher See hat einerseits auch Zufluß von den kleinen Seen bei Bialtsch (49 m), andererseits aber von einer Reihe größerer Seen, die weiter westlich liegen und ihr Wasser statt nach der Warthe, wegen der vorliegenden Höhen nach Westen senden. So fließt der Liszina-See (49 m) nach dem benachbarten Küchensee (49 m) bei Schrodke ab, letzterer nach dem nördlich gelegenen, breiten Großen See. Der Abfluß dieses Sees geht bei Mylin vorüber nach dem Radziscewer See (45 m), von dem aus ein Fließ dem Charcicer See zugeht. Von Charcic läuft das Fließ nach Westen, um nach einer Biegung bei Ryzin in breitem Tale zwischen flachgewölbten Kuppen in den großen Bialtscher See zu münden. Bei Charcic aber kommt von Süden das Wasser des Chrzypsko-Sees (45 m) dazu, in welchem von Süden und Osten Bäche einmünden. Der östliche führt bei Klein-Chrzypsko die vereinigten Abflüsse, der auf der östlichen Hochfläche gelegenen Seen bei Orliczko und Psarskie, hinein. Der südliche Bach kommt aus dem Bialokoscher See (83 m) und durchfließt ein schmales, knapp 4 km langes Tal in der zweiten Hälfte mit einem für unser Flachland ungewöhnlich großen Gefälle von fast 40 m. In den Chrzypskoer See münden noch von SO her 2 kleine Bäche. Der eine entwässert die Wiesen im Norden dcs Gnuschiner Waldes und geht zuletzt in einem schmalen, tiefen Tale nach der südlichen Bucht des Sees; der andere beginnt im Osten von Gnuschin und endet mit einer tiefen Schlucht dicht am See im Süden von Klein-Chrzypsko. Der Bialokoscher See erhält den Hauptzufluß von Westen her aus den Wiesen bei Niemierschewo durch die tief eingeschnittene Mianka, ferner den Abfluß des stellenweise sumpfigen und torfigen Teiles der Hochfläche im Norden von Pinne, welche die Wasserscheide zwischen der Warthe nach Norden und der Obra nach Süden bildet.

Die Wasserscheide zwischen der Warthe und der Obra ist nicht überall deutlich. Im Westen liegt sie im Norden von Rhyn und zieht sich über die hüglige Hochfläche von Rokitten nach Liebuch. Zwischen Liebuch und Neu-Görzig liegen abflußlose Niederungen bei Zielomischel und Stokki. Ohne Abfluß sind auch der Brieser See und einige kleinere Wasserbecken zwischen Wierzebaum und Neu-Görzig, während die Hügelkette, welche sich von Wierzebaum (96 m) über Neu-Görzig (100 m), von dort unter dem Namen Königsberge (107 m) und Kavelberge (116 m) bis Dormowo hinzieht, eine scharfe Scheide bildet. Das nördlich davon gelegene Plateau ist von Neu-Görzig bis an das Kähmer Fließ mit unzähligen Söllen und trockenen Vertiefungen bedeckt. Die Wasserscheide verläuft alsdann mehr nach Süden, geht über die sandigen Berge von Schwichotschin (103m) in der Richtung nach Lewitz (101 m) und setzt sich in den Königsbergen (99 m) nach Westen fort. Darauf wird sie recht undeutlich und liegt zwischen Milostowo und Wituchowo nach Osten. Hier liegen viele kleinere Seen und Wasserlöcher ohne Abfluß, einige im Orzeschkowoer Walde (90 bis 93 m), andere bei Wituchowo (99 m), der langgestreckte See bei Daleschinko (95 m) und zwischen Wituchowo und Lubosch der vom Walde umrahmte Oczmiech-See (96 m) und kleinere Seen in der Nachbarschaft. Darauf zieht sie sich im Norden von Lubosch und Pinne nach Osten hin und ist noch schwächer ausgeprägt, so daß es oft schwer ist, bei dem geringen Gefälle die Abflußrichtung der kleinen Wasserbecken und sumpfigen Stellen zu bestimmen und daher hier dem Drainieren der Felder oft große Schwierigkeiten entgegenstehen. Die auf der Hochfläche gelegenen großen Seen, der Luboscher See (94,6 m) und der große Luboscher See (94,4 m), stehen durch die breite Niederung bei Zamorze mit dem Pinner See (94,1 m) in Verbindung, der nach Süden zur Mogilnitza abfließt.

Im Süden der Seenplatte liegt ein Sandgebiet, im Westen bedeckt von zahlreichen hohen Kuppen und langen Rücken, darunter die Schwichotschiner Berge (103 m), die Schillner Berge (92 m) und die Höhen im Süden von Lowin (101 m), während es nach Osten etwas ebener ist. Dort grenzt es an die lehmigen Höhen bei Neustadt und Bolewitz (132 m), die den Ostrand der Posener Diluvialhochfläche bilden. Der östliche Teil liegt durchschnittlich 80-90 m hoch und fällt nach der Obra zu langsam zu der Tirschtiegeler Niederung ab, die von der Neutomischler Niederung durch den großen, meist sandigen Lomnitzer Wald getrennt wird. Der westliche Teil ist höher, und es ziehen sich im Osten der Seenkette zwischen Tirschtiegel und Betsche Anhöhen entlang, die 80 m, stellenweise aber über 100 m hoch liegen, z. B. der Stutberg bei Alt-Jablonke (110 m), auf dem ein Aussichtsturm steht, und der hohe Rücken am Chlopsee, dessen Nordende der Hohe Berg (104 m) bildet. Dieses Sandgebiet besitzt viele kleine Niederungen und wird im Osten durch das bei Tirschtiegel in den großen See fließende Schwarzwasser entwässert. Dieses beginnt im NO mit den zahlreichen Abflüssen der westposener Seenplatte in der Nähe von Linde und Konin und des Ostrandes der Posener Hochfläche bei Neustadt und Bolewitz. Der nördliche Arm vereinigt sich bei Sempolno mit dem südlichen, der das Wasser eines Teils der Neutomischler Niederung zuführt. Im Westen sind nur kürzere Wasserläufe. Einige Gräben bei Glashütte gehen teils nach Süden zum Schwarzwasser, teils nach Westen zum Großen See und vereinigen sich kurz vor dem Einflusse mit einem Bache, dessen Quellen in den Niederungen bei Neu- und Alt-Jablonke und bei Neu-Schilln liegen. Im Osten der Schwichotschiner Berge beginnt ein Fließ, das über Schilln dem Chlopsee zugeht. Zwischen der Seenkette und der Obra liegt nach dem Meseritzer Kessel zu, ein meist sandiges, sehr hügliges Gebiet, welches mit vielen Kuppen und Rücken bedeckt und von kleinen sumpfigen Niederungen erfüllt ist. Die durchschnittliche Höhe von 80 m fällt bis zur Obra langsam ab. Nur einzelne Berge erheben sich über 80 m, die Gräberberge bei Marienhof (86 m), der Schweineberg am Chlopsee (80 m) und der Eichberg (82 m) im Betscher Walde. In diesem Walde liegt eine Kette abflußloser Seen, der Piecniewo-See (54,5 m) und der Przydrzone-See (54,5 m) mit steilem Südufer und der muldenförmige Golyn-See (53,8 m), während der Stubin-See (52,8 m) nur flache Ufer hat und nach dem Wedromierz-See abfließt. Ähnlich ist auch das Gebiet im Süden der Obra bis an die Hochfläche. Im Westen zieht sich ein breite Niederung von Naßlettel bis Reinzig hin, die von einem Netze von Entwässerungsgräben durchzogen ist. Die sumpfigen Stellen des großen

Waldes zwischen Bauchwitz und Reinzig werden durch einen östlichen Graben, der bei Reinzig in die Obra mündet, und durch einen westlichen Bach, der über Janowo in breiterem Tale bis Politzig geht, entwässert. Zwischen ihnen liegen viele Sandkuppen und ein 1 ½ km langer, schmaler, wallartiger Rücken. Am Westende desselben, in der Nähe des Schwarzen Berges (87 m) liegt, von Höhen umschlossen, der kleine Schwarze See (54 m), während nach Osten der Wall nach dem Langen See (53 m) und einer Niederung im Süden (55 m) steil abfällt und im Osten nach einer Senkung, in der wieder ein kleiner Seekessel liegt (53,5 m), mit einer Kuppe (75 m) endigt.

Die Seen.

Im Sommer und Herbste 1905 sind vom Verfasser eine Reihe der vorher genannten Seen gelotet worden. Für einige Seen waren die Tiefen schon bekannt, da von den Besitzern im Winter bei günstigen Verhältnissen auf dem Eise Messungen vorgenommen waren. Doch sind die meisten noch nachgeprüft worden. Auf den wechselnden Wasserstand ist keine Rücksicht genommen, da nicht genügend genaue Beobachtungen vorhanden waren. In dem trockenen Sommer 1904 ist der Spiegel einiger Seen um ½ bis ¾ m gefallen, doch war 1905 nach den vielen Regengüssen wohl wieder die normale Höhe erreicht. Das ungünstige Wetter erlaubte leider nur, eine kleinere Anzahl zu untersuchen, als ursprünglich beabsichtigt war. Die Messungen werden jedoch weiter vom Verfasser fortgesetzt, und es wird namentlich die geologische Beschaffenheit der Ufer noch genauer untersucht werden. Die Lotungen erfolgten nach der üblichen Methode, daß ein Netz gerader Linien mit dem Boote abgefahren wurde. Auf diesen Linien wurden die Tiefen in gleichen Abständen, die nach Ruderschlägen bestimmt wurden, gemessen. Das Einhalten der geraden Fahrtrichtung wurde bei kurzen Strecken durch das Auge, bei längeren durch Anwendung eines doppelten Winkelspiegels bewirkt. Bei den meisten Fahrten herrschte Windstille, oder schwacher Luftzug, so daß die Ergebnisse genau sind, nur wenige Linien sind durch den Abtrieb des Bootes ungenauer ausgefallen. Die Isobathen, die Verbindungslinien von Punkten gleicher Tiefe, wurden bei den flachen Seen in dem Abstande von 2 m, oder 3 m vom Ufer begonnen, bei den tieferen Seen wurden sie nur in dem Abstande von je 5 m gezeichnet. Die hier beigefügten Karten sind in dem Maßstabe 1:25000 nach den Meßtischblättern gezeichnet, daher sind nur die 5 m-, oder die 10 m-, 20 m- und 30 m-Isobathen angegeben. Die auf dem Eise vorgenommenen Messungen waren meist so erfolgt, daß der See in ein Netz von Quadraten mit der Seitenlänge von 50, oder 100 m eingeteilt wurde. Bei den Größenangaben ist das amtliche Material der Katasterämter benutzt worden.

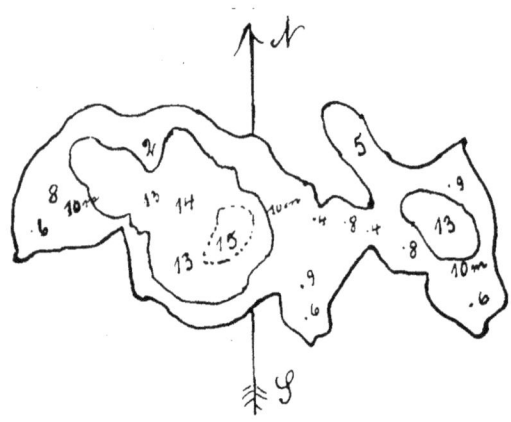

Höllengrund=See
Maßstab: 1 : 25000

Der Höllengrundsee bei Weißensee ist 83 ha groß
und liegt 40,6 m hoch. Er besteht aus einem großen
westlichen und einem kleinen östlichen Becken,
dazwischen ist er nur 4 ½ m tief. Das West- und
Ostufer, sowie die Mitte des Südufers sind steilab-
fallend und erheben sich bis 12 m über den Spiegel.
Südlich vom Dorfe liegt inmitten eines breiten Wie-
senkessels, der bis an die Kurziger Straße reicht, ein
kleiner, flacher See, der mit dem großen in Verbindung steht. Es war eine Bucht des einst größeren
Seebeckens. In den östlichen Teil geht von Süden
zwischen Wiesen der Abfluß des Langen Sees, der

Luckmanngraben, hinein; nach Norden läuft in einem schmalen Tale das Heidemühlen-Fließ zur Obra. An der Nordseite sind mehrere, in den See weit hineinragende Schilfhalbinseln an flachen, höchstens 2 m tiefen Stellen. Auch am Einflusse des Luckmanngrabens und an der Verbindungsstelle der beiden Becken steht viel Schilf. Die nördliche schmale Bucht ist meist nur 5 m tief. Die 5 m-Isobathe ist vom Ufer 30, höchstens 50 m entfernt. Zwischen der Tiefe von 5 und 10 m ist häufig ein steiler Absturz, der auch bei anderen Seen oft näher am Ufer vorkommt und beim Befahren dem Auge durch das plötzlichere Dunklerwerden des Wassers sichtbar wird. Ule[7] gibt über die von den Fischern in Holstein „Abschaar" genannte Erscheinung an, daß dem steileren Abfall unter Wasser oft ein steiles Gehänge am Ufer entspricht, das von der sonstigen Neigung des Bodens stark abweicht. Er nimmt an, daß hier die Brandung der Welle im Verein mit der Kraft der Atmosphärilien in die ursprünglich gleichmäßig geneigte Bodenfläche eine Scharte eingenagt habe, als deren Ränder 2 Stufen, die eine oberhalb, die andere unterhalb des Wassers auftreten. Ule hat diese orographische Erscheinung auch schon an den Seen Masurens gefunden. Die Beobachtungen an den Posener Seen können nur zur Bestätigung seiner Ansicht beitragen. Die 10 m-Isobathe verläuft so, daß sie im allgemeinen die Form der Ufer wieder-

---

7 Willi Ule, Die Tiefenverhältnisse der ostholsteinischen Seen. Jahrb. der Kgl. Preuß. geol. Landesanstalt für das Jahr 1890. Berlin 1892. S.120.

gibt, nur an der westlichen Bucht weicht sie mehr vom Ufer ab, an der Schilfhalbinsel im Norden und an der Ostseite des großen Beckens, ferner im Süden und Norden des kleinen Beckens. In der Mitte ist der See gleichmäßig und fällt von Westen langsam nach der tiefsten Stelle bis auf 15 ½ m ab. Diese liegt mehr nach SO zu. Das kleinere Becken ist gleichfalls in der Mitte ziemlich eben und ist im NO mit 13 ¼ m am tiefsten.

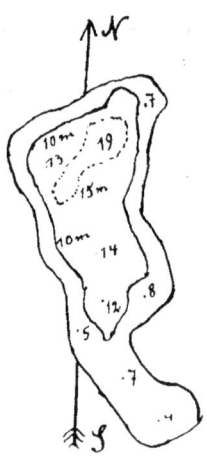

Tscheischt-See
Maßstab: 1 : 25 000

Der Tscheischtsee im Süden von Blesen ist vom Höllengrundsee durch eine 120 m breite Erhebung getrennt. Er ist 42 ha groß, liegt 40,3 m hoch und hat keinen Abfluß. Im Norden liegt, durch einen 200 m breiten Hügel getrennt, der Hintersee. Er zieht sich von Norden nach Süden in der Länge von 1 ½ km hin, ist im Süden erst schmal, nur 200 m breit und verbreitert sich im Norden bis zu 450 m. Das Westufer ist sehr steil abfallend, wird von 3 Schluchten zerrissen und erhebt sich bis zu 15 m über den Spiegel. Auch im südlichen Teile sind einige Hügel. Hinter einer Kuppe in SO liegt ein kleiner Sumpf, der früher mit dem See verbunden war. Im Norden und Osten ist das Ufer mit flachen Hügeln besetzt. Die südliche Bucht ist flach, mit Schilf bestanden und durchschnittlich nur 6-7 m tief. In der Höhe der genannten südöstlichen Kuppe beginnt die 10 m-Isobathe, die im Durchschnitt 50 m vom Ufer entfernt ist, während die 5 m-Isobathe in der Entfernung von 15-25 m verläuft. In der Mitte fällt er allmählich nach N ab, wo im NO eine 15 m tiefe Mulde liegt, die sich bis auf 19 m senkt.

Der Bobelwitzer See ist von Meseritz 4 km entfernt, wird vom Meseritzer Kessel durch mehrere Sandkuppen getrennt, die den Eindruck von Dünen machen, ist 30 ha groß und liegt 51,5 m hoch. Er zieht sich in der Richtung von SO nach NW 2 km lang hin, ist im Süden 200 m, im Norden fast doppelt so breit. Am Südende schließt sich eine sumpfige Wiese an. Das steile Westufer erhebt sich 10 m hoch über den See, während das Nord- und Ostufer bis auf den Südostrand etwas flacher ist. Die südliche und die nördliche Bucht ist am Ufer mit Schilf bestanden und durchschnittlich 7 bis 8 m tief. Die 5

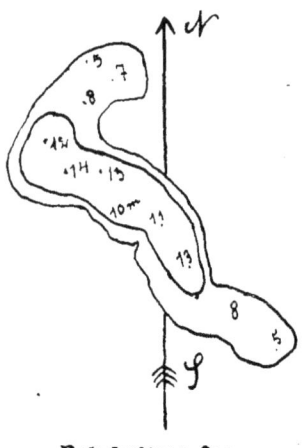

Bobelwitzer See
Maßstab: 1 : 25 000

m-Isobathe ist hier vom Ufer 40 m entfernt, während sie sich im Osten und Westen dem Ufer bis auf 20 m, oft 10 m nähert. Die 10 m-Isobathe gibt, von den beiden genannten Buchten abgesehen, die Form des Sees wieder und ist vom Ufer meist 40 m entfernt. In der Mitte ist eine flache Mulde, die im Norden zweimal, im Süden nur einmal auf 14 ¼ und 13 m sich vertieft.

Pfarrsee u. Tiefer See
Maßstab: 1 : 25 000

Im Norden von Tirschtiegel liegen 4 Seen, die größtenteils flach sind. Die Obra fließt in den Großen See, dessen nördliche Bucht den Namen Rybojadeler See führt. Sie sind zusammen 281 ha groß und liegen 51,2 m hoch. Im SO zweigt sich der eben so hoch liegende, 96 ha große Konnin-See ab, während im Norden der Große See mit dem 30 ha großen Tiefen See und dem 17 ha großen Pfarrsee in Verbindung steht, welche beide 51,3 m hoch liegen. Der Große See ist fast 5 km lang; im Süden 300 m, im Norden beinahe 1500 m breit. Der Rybojadeler

35

See ist 300 bis 400 m breit. Im Großen See liegt eine kleine Insel im Süden (Freier-Insel, Anm. d. Hrsg.), eine im Norden (Nachtigallen-Insel, Anm. d. Hrsg.) nahe dem Ufer, ferner sind in ihm 2 größere Stellen in der Mitte mit Schilf bewachsen, auch steht am Ufer, besonders im Osten, viel Schilf. Dieses wird in so großen Mengen gewonnen, daß auf Schloß Tirschtiegel eine Rohrgewebefabrik eingerichtet worden ist. Das Westufer ist flach, mit breiten Wiesen bedeckt, die bis an die 66 m hohen Sandhöhen reichen. Der Große See ist sehr flach, durchschnittlich nur 2 ½ m tief. Die tiefste Stelle liegt in der Mitte mit 3 m. Dasselbe gilt vom Rybojadeler See, der im Durchschnitt 3 m, im Norden aber bis 3 ½ m tief ist. Der dreieckige Konninsee ist 1 km lang, 1200 m breit und wird vom Großen See durch eine Halbinsel getrennt, die sich 10 m über den Spiegel erhebt. Auch das Ostufer ist hüglig und liegt bis 70 m hoch. Er ist etwas tiefer; die 3 m-Isobathe ist vom Süd- und Westufer im Mittel 250 m, vom Ostufer nur 70 m entfernt. Die größte Tiefe, 4 m, ist in der Mitte des Ostrandes. Parallel dem Rybojadeler See von Norden nach Süden erstrecken sich der 750 m lange, über 400 m breite und 30 ha große Tiefe See und der dreieckige, 600 m lange, 300 m breite und 17 ha große Pfarrsee. Beide liegen 51,3 m hoch. Zwischen ihnen und dem Rybojadeler See sind die steilen Schanzenberge, die sich bis 73 m erheben. Auch das Nordufer des Tiefen Sees steigt steil empor. Im Osten liegt parallel dem Seeufer eine sumpfige Niederung, die vom Ostufer des Pfarrsees durch einen 69 m hohen Berg getrennt wird. Die Südbucht des Pfarrsees ist nur 2 m tief; die Nordwestecke ist 3-4 m tief. Die 5 m-Isobathe ist vom Westufer 80 m entfernt. Die größte Tiefe mit 7 m liegt genau in der Mitte. Die Zipfel des Tiefen Sees sind 4-5 m, von ihnen ist der südliche, flache, aber nur 3 m tief. Die 5 m-Isobathe, die vom West- und Ostufer nur 40 m weit entfernt ist, zeigt den steilen Abfall; nach der Mitte nimmt die Tiefe langsam zu, bis zur Nordostecke, wo sie 170 m vom Nordufer 17 m erreicht.

Der Schwarze See bei Reinzig ist nur 2 ½ ha groß, liegt 54 m hoch in einem kleinen, von Höhen, die bis auf 87 m sich erheben, umrahmten Kessel auf dem schon beschriebenen langen Rücken. Er ist gegen 160 m breit und 200 m lang. Seine Ufer fallen steil ab; die 5 m-Isobathe liegt 20-30 m vom Ufer, in der Mitte ist er 9 m tief. Der im Norden des Rückens sich hinziehende, 4 ha große Lange See ist stark verwachsen, moorig und nur bis 2 m tief; der Kessel des am Ostrande liegenden 1,2 ha großen Röstsees ist bis 5 m tief.

Bei Stalun liegen 3 Seen; dicht am Dorfe der 23 ha große, in der Richtung von N nach S 1200 m lange, 55,3 m hoch gelegene Staluner See. Im Süden ist er meist 100 m, im Norden bis 250 m breit. Der Uferrand ist bis auf S und SO steil, erhebt sich im Westen auf 69 m, im NO ragt eine bewaldete Kuppe

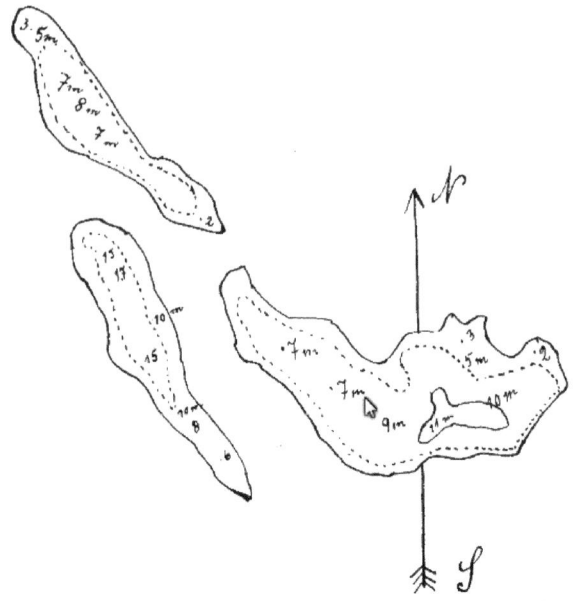

Schwarzer See, Weisser See, Staluner See

Maßstab: 1 : 25000

20 m hoch empor. Die Südhälfte ist flach, nur 6-8 m tief. Die 5 m-Isobathe liegt durchschnittlich 20-30 m vom Ufer. Die 10 m-Isobathe, vom Ufer 50 m weit, gibt, vom Süden abgesehen, das Bild des Sees wieder. Vom Norden her nimmt die Tiefe schneller zu, als von Süden und erreicht 250 m vom Nordende 17 m. Sein Abfluß geht im Südosten nach dem Weißen See, der 56 ha groß, von Osten nach Westen 1 ½ km

38

lang, im Osten 500 m, im Westen nur halb so breit ist und 5,1 m hoch liegt. Er erhält seinen Zufluß aus dem Scharziger See durch einen Graben, der zwischen Wiesen zu einem kleinen See sich verbreitert. Dies ist ein Beweis dafür, daß der Weiße See früher mit einer Bucht weiter nach Osten reichte. Das Südufer ist steil, bis 75 m hoch, der Ostrand flacher, während im Norden die Hügel langsamer sich zum See senken, aber 400 m vom See entfernt eine 92 m hohe Kuppe besitzen. Flach, nur 2-3 m tief, ist der nordöstliche Teil, wo die 5 m-Isobathe bis 180 m vom Ufer liegt, ebenso geht an der Halbinsel in der Mitte der Nordseite eine mit Schilf bestandene, flache Stelle weit in den See hinein, so daß hier erst in 130 m Entfernung vom Ufer die Tiefe von 5 m erreicht wird. Im SO ist die 5 m-Isobathe oft nur 10-15 m vom Ufer, im SW 30 m, im Westen 50 m entfernt. Der westliche Teil bildet eine ebene Mulde, die 7 m tief ist und nach Osten sich auf 10 m senkt. Die 10 m-Isobathe umschließt eine dreizipflige Fläche im SW des Sees, die vom Südufer nur 80 m entfernt ist. Der Weiße See fließt nach dem Schwarzen See ab, der 24 ha groß ist und 54,7 m hoch liegt. Am Westufer grenzt eine sumpfige Wiese an, die auf den früheren größeren Umfang hinweist; hier liegt nur in der Mitte ein bis 2 m hoher Steilrand. Das Ostufer ist bedeutend steiler und erhebt sich nach dem Liebucher See hin auf 88 m. Der 1200 m lange See ist in der Mitte 250 m breit und verschmälert sich an den beiden schilfbewachsenen, 2-3 m tiefen Enden.

Hier liegt die 5 m-Isobathe 170 m vom Ufer ab, während sie im Westen und Osten sich auf 20 m nähert. Nach der Mitte fällt er sehr langsam zu einer 6 m tiefen Mulde ab, die im Norden sich bis auf 8 m senkt.

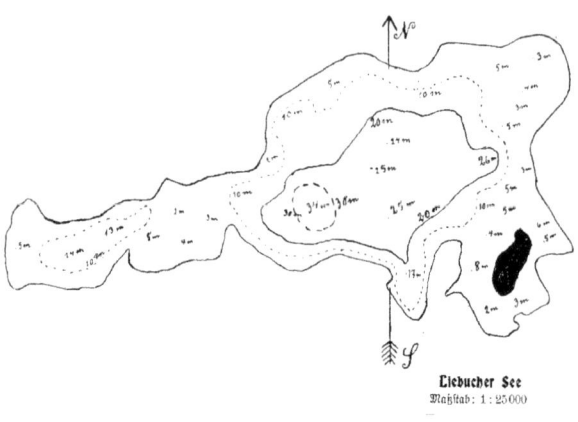

Liebucher See
Maßstab: 1 : 25 000

Ein kurzer Graben verbindet den Schwarzen See mit dem Liebucher See. Dieser ist ungefähr 340 ha groß und liegt 54,6 m hoch. Er ist von Osten nach Westen 3 ½ km lang und verschmälert sich nach Westen. Im Osten ist er fast 2 km breit. Dort liegt in der Südostecke eine kleine, waldbestandene, flache, 7 ha große Insel. Der westliche Seezipfel ist 1 ½ km lang und meist 400 m breit, verengt sich aber durch 2 hineinragende Halbinseln um je 100 m und bildet ein besonderes Becken. Im Süden ragt in den See

40

eine bewaldete, 500 m lange und 180 m breite Halbinsel hinein, welche sich 20 m über den Seespiegel
erhebt und namentlich im Norden und Westen steil
abfällt. Das gegenüberliegende Steilufer der kleinen
Bucht erhebt sich gleichfalls unmittelbar am Rande
des Wassers. Das Ostufer ist meist flach und hat nur
an 2 Stellen einen niedrigen Steilrand. Im Norden
liegt zwischen 2 steilen Rändern eine breite Wiese,
einst eine Bucht des Sees, dessen Spiegel durch
einen Abflußgraben gesenkt wurde. Der Rand erhebt
sich nach Westen immer mehr bis 10 m und im SW
bis über 20 m über den See. Der schmale Westzipfel
hat größtenteils ein hohes Ufer, das sich im SW bis
auf 68 m erhebt. Der Teil südlich der Insel ist nur 2
bis 3 m tief; zwischen der Insel und der großen
Halbinsel ist eine Tiefe von 8 m und im Osten der
Insel ist eine 5 bis 6 m tiefe, kleine Bucht. Im ganzen südöstlichen Teile des Sees steht viel Schilf. Die
nördliche, schilfreiche Bucht ist 3 bis 4 m tief. Im
Osten ist die 5 m-Isobathe 200 m, im Norden bis
500 m vom Ufer abliegend, um sich bei der nördlichen, nur wenig in den See hineinragenden Halbinsel bis auf 60 m dem Ufer zu nähern. Sie verläuft
dann westlich von dem Amalienvorwerke nur 20 bis
30 m vom Ufer und entfernt sich an der Stelle, wo
die Verschmälerung beginnt, auf 100 m. Am Südufer
liegt sie dann 20 m, oft nur 10 m und in der südlichen kleinen Bucht manchmal nur 7 m vom Ufer ab.
Zur 10 m-, 15 m- und 20 m-Isobathe ist namentlich
am Südufer ein schneller Absturz. Die 20 m-Isoba-

the gibt im ganzen das Bild des großen westlichen Teiles des Sees wieder und liegt im Süden nur 80 bis 100 m, im Norden doppelt so weit vom Ufer. Die Mitte ist eine fast ebene Mulde, die durchschnittlich 25 m tief ist, sich im Osten auf 26 m senkt und im Westen sich bis auf 34 m vertieft. Hervorzuheben ist noch, daß an der Nordspitze der Insel, dicht unter der Oberfläche ein 2 m langer und 1 ½ m breiter Stein liegt und viele kleine Geschiebe am nordöstlichen Ufer und am Rande der südlichen steilen Halbinsel das Ufer bedecken. Das kleinere westliche Becken des Sees ist von dem großen durch eine 500 m lange, nur 2 bis 4 m tiefe, am Rande mit Schilf bestandene Stelle getrennt. Am Westrande steht viel Schilf, und die 5 m-Isobathe wird erst 100 m vom Ufer erreicht, während sie sich am Nord- und Südufer bis auf 30 m nähert. Die 10 m-Isobathe ist im Westen 200 m, im Süden und Norden 80 m vom Ufer entfernt und umschließt eine längliche Mulde, die sich bis auf 14 m senkt.

Der Gorzyner See ist im Durchschnitt 800 m lang und breit, 80 ½ ha groß und liegt 44,6 m hoch. Im SW liegt eine größere Bucht, im Süden eine kleinere, im Norden teilt eine schmale Halbinsel, die Rohrkappe, 2 Buchten ab. In der Mitte liegt eine kleine, ungefähr 1 ha große, bewaldete Insel, deren Südwestrand sich steil 5 bis 10 m über das Wasser erhebt. Am Ostufer liegt der herrliche Park am steilen Seeufer, das terrassenförmig bis 15 m über den Spiegel aufsteigt. Im Süden mündet von der Heinrichsmühle aus ein Bach, der eine breite Niederung

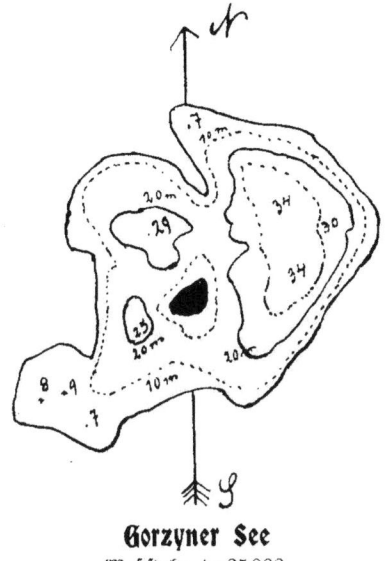

Gorzyner See
Maßstab: 1 : 25 000

am See durchfließt. Hier liegen zahlreiche Karpfenteiche. Im SO nach der Chaussee zu steigt das Ufer bis 72 m an; am Westufer liegen nach dem Wasser sich schnell senkende Kuppen, die teilweise auch bis 15 m über den Spiegel ragen. Am Nordostabhange ist der Absturz etwas geringer. Die Bucht im SO ist meist 8 bis 9 m, die Bucht im NO 7 bis 8 m tief. Der See besteht aus 2 Becken, einem größeren im Osten und einem kleineren im Westen, getrennt durch die Insel. Zwischen beiden Becken ist er höchstens 12 m tief. Das Ostufer fällt so steil ab, daß die 5 m-Isobathe oft nur 5 m, die 10 m-Isobathe 15 bis 20 m vom Ufer entfernt ist, die 20 m-Isobathe mit 100 m, die 30 m-Isobathe mit 120 bis 150 m erreicht wird. Die letztere schließt eine 34 m tiefe Mulde ein, die sich bei 60 bis 70 m Breite 400 m lang dem Ufer parallel hinzieht. Die Ufer des westlichen Beckens, sowie der Insel sind weniger schnell abfallend, im Durchschnitt ist die 5 m-Isobathe 30 m, die 10 m-Isobathe 60 m vom Ufer abliegend. In der Mitte der Bucht, gegen 200 m von den Rändern entfernt, liegt eine bis 29 m sich senkende Vertiefung, während zwischen der Insel und dem Westufer die größte Tiefe 25 m beträgt.

Der Chrzypsko-See ist 323 ha groß und liegt 44,9 m hoch. Er hat im Norden drei Zipfel; im Süden springt der Abhang eines 65 m hohen Hügels, der sich zum Spiegel abflacht, mit einer schlifbewachsenen Spitze in den See hinein. Von diesem Punkte, bis zur Ausflußstelle im Norden ist er 2,7 km lang, bei einer durchschnittlichen Breite von 1,2 km. In dem mittleren Teile liegen drei kleine, nur 1 bis 2 ha große, flache Inseln. Der Nordzipfel endigt mit einer Wiese, durch die der Abflußgraben fließt; im Westen ist das Ufer erst hoch, dann liegt an dem See eine Wiese, die bis an die weit hineinragende Halbinsel reicht. Die Bucht im Westen hat steile Ränder, nur am Südende liegt eine Niederung, die sich 700 m weit nach Süden hinzieht und mit einem schmalen Tale, das dicht an der Chaussee liegt und ihr parallel

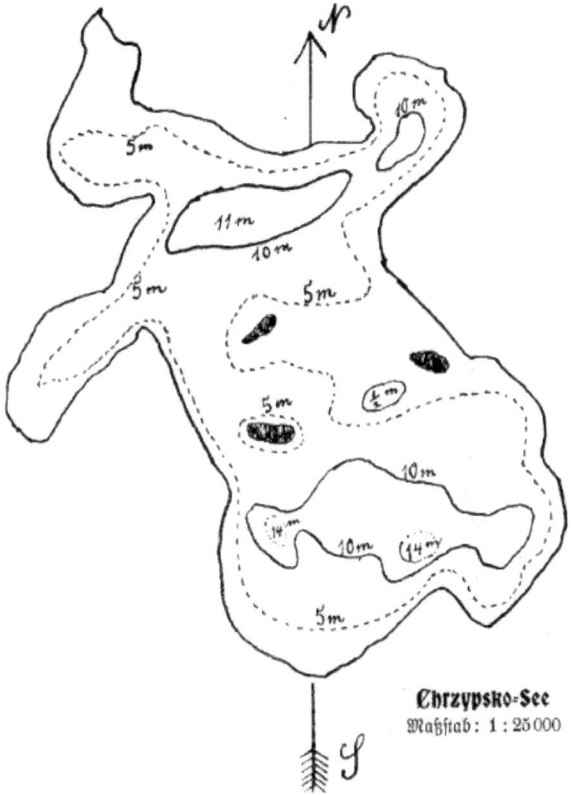

Chrzypsko-See
Maßstab: 1 : 25000

läuft, verbunden ist. Die Mitte des Nordufers ist steil, während die Ränder des östlichen Seezipfels von langsamer sich abflachenden Höhen, die 20 m über dem Seespiegel sich erheben, umrahmt werden. Dies gilt auch von der ganzen Ostseite, wo aber bei Klein-Chrzypsko, das fast 30 m über dem See liegt, der Abfall steiler ist. Im Süden ist das Ufer erst flach und läßt Raum für einen Fahrweg, erhebt sich dann zu der schon genannten Kuppe. An der Westseite fällt ein Berg gegenüber der einen Insel steil ab, daran schließt sich im SW eine kleinere Niederung. Der See besteht aus einem nördlichen und einem südlichen Becken. Die nördliche Bucht ist meist nur 3 m tief, ebenso das Ende der westlichen. Die östliche Bucht ist in der Mitte 11 m tief. Die 5 m-Isobathe ist meist 40 bis 50 m vom Ufer entfernt. Der See flacht sich dann allmählich zu einer länglichen Mulde ab, die von dem Nordufer 150 m entfernt und bis zu 11 m tief ist. Zwischen der nördlichen und östlichen Insel beträgt die Tiefe 2 bis 3 m; das Ufer und die Inseln sind mit Schilf umrandet. In der Mitte zwischen der östlichen und westlichen Insel ist eine 20 m lange Sandbank, auf der auch große Steine ½ m unter Wasser liegen. Zwischen der nördlichen und der westlichen Insel ist die Tiefe 8 m. Dies gilt auch für die Teile zwischen den Inseln und dem Rande. Das südliche Becken hat im SW eine flache, meist 8 m tiefe Bucht. Die 5 m-Isobathe ist dort 100 m vom Ufer entfernt und nähert sich an den übrigen Teilen dem Ufer bis auf 20 m. Während sich die Mulde allmählich auf 12 m senkt, ist an der Süd- und Westseite ein steiler Abfall 170 m vom Ufer bis auf 14 und fast 15 m.

Bialokoscher See

Maßstab: 1 : 25000

47

Der Bialokoscher See ist 153 ha groß, liegt 83,1 m hoch und erstreckt sich von Süden nach Norden 3,3 km lang. Er ist im Durchschnitt 400 m breit, erweitert sich zweimal auf 800 m und verengt sich im Norden auf 250 m. Am Westufer ragen 2 Halbinseln, der Werder und der Otterwerder, weit hinein, so daß 2 große Buchten entstehen. In der südlichen Bucht liegt eine kleine Insel und in der nördlichen Bucht sind zwei Inselchen. Das Südufer ist flach und mit Wiesen umrandet. An den See stoßen am Westufer die Abhänge der Schanzenberge, die den Spiegel um 12 m überragen, dann am Otterwerder diejenigen einer 110 m hohen, nach Norden steil abfallenden Kuppe, an deren Südabhang eine Wiese liegt. Das Steilufer, meist 15 m höher als der See, zieht sich noch bis zum flacheren Werder hin, erstreckt sich bis an das Nordende des Sees, wird aber an einer Stelle, wo eine flache Schilfbucht ins Land geht, von einem schmalen Wiesental, das nach Norden mit einem tiefen Kessel endet, unterbrochen. Der Ausflußgraben im Norden durchzieht ein an den See stoßendes, mooriges, breites Tal. Das hohe Ufer zieht sich dann, allmählich nach Süden abfallend, bis Bialokosch hin, wo es flacher wird. Von dort bis an das Südende des Sees geht ein niedriger Steilrand entlang, der in einer sumpfigen Wiese endet. Der südliche Teil des Sees ist flach, am Rande mit vielem Schilf bestanden. Die 5 m-Isobathe ist vom Ufer 80 m, die 10 m-Isobathe 180 m entfernt. Die Bucht südlich vom Otterwerder ist 8 m,

48

die kleineren Einbuchtungen sind nur 2 bis 3 m tief. Die Bucht im Norden ist tiefer, nach dem Otterwerder zu, 50 m vom Ufer, schon 10 m tief. Der Nordzipfel derselben ist flach, und zwischen den Inseln beträgt die Tiefe nur 8 m. In der Höhe des Parkes liegt die 10 m-Isobathe 60 m vom Ufer ab, und es senkt sich der Boden bis zur Mitte des Sees auf 21 m. Nach Norden zu flacht er auf 13 m ab, der Absturz aber vom Ufer bis auf 5 und 10 m Tiefe ist meist sehr steil. Eine kleine Bucht im Norden des Werders ist 3-4 m tief; in der Mitte des Sees liegen dicht hintereinander 3 kleine Vertiefungen von 24, 27 und 26 m, die durch 18 und 19 m tiefe Stellen getrennt werden. Der nördliche Teil des Sees wird durch eine Schilfhalbinsel, die im Osten in den See hineinreicht, und durch die Spitze im Süden der kleinen Schilfbucht von dem Hauptbecken gesondert und weist an der Verbindungsstelle nur 8 m Tiefe auf. In der äußersten Ecke aber nach NO zu, vertieft sich der See, namentlich im Osten, mit steilem Absturz in einer Entfernung von 120 m vom Nord- und Ostufer, auf 29 m. Er ist derjenige See, der außer dem Gorzyner die meisten Unregelmäßigkeiten in den Tiefenverhältnissen zeigt.

Auch für einige andere Seen können hier noch die Tiefen angegeben werden, doch sind genaue Lotungen noch vorzunehmen. So ist der große Bentschener See meist 2 bis 3 m tief; seine größte Tiefe beträgt 9 m. Der Lowiner See, den der Verfasser bei starkem Winde nur teilweise gelotet hat, erreicht die größte Tiefe mit 13 m. 12 bis 13 m soll auch der Wendromierz-See im Süden von Betsche tief sein. Der kleine Strauchsee bei Pieske ist meist 2 m, im nördlichen Teile 3 m tief.

Da die Berechnung der mittleren Tiefe der Seen großen Zeitaufwand erfordert, wird die Veranschaulichung der relativen Einsenkung eines Seebeckens[8] dadurch erreicht, daß die Seite eines seiner Wasserfläche gleichen Quadrates berechnet und das Verhältnis der größten Tiefe zur Seite desselben festgestellt wird. Dabei ergeben sich für die geloteten Seen folgende Werte:

Namen der Seen	Größe der Fläche m	Größe der Tiefe m	Verhältnis der Tiefe zur Fläche	Reihenfolge nach der Größe	Reihenfolge nach der relativen Einsenk.
Liebucher See	340	34	1:54	1	8
Chrzypsko-See	323	15	1:119	2	13
Großer See mit Rybojadler See bei Tirschtiegel	280,7	3,5	1:478	3	15
Bialokoscher See	153	29	1:42	4	7
Konninsee bei Tirschtiegel	96	4	1:245	5	14
Höllengrundsee bei Weißensee	83,5	15,5	1:59	6	10
Gorzyner See	80,5	34	1:26	7	2

---

8   W. Ule, Die Tiefenverhältnisse der ostholsteinischen Seen. Jahrb. der Kgl. Preuß. geol. Landesanstalt für das Jahr 1890. Berlin 1892. S. 121.

Weißer See bei Stalun	55,8	11	1:68	8	12
Tscheitsch-See bei Blesen	41,8	19	1:34	9	5
Bobelwitzer See	36	14,5	1:41	10	6
Tiefer See bei Tirschtiegel	30	17	1:32	11	4
Schwarzer See bei Stalun	23,9	8	1:61	12	11
Staluner See	23	17	1:28	13	3
Pfarrsee bei Tirschtiegel	17	7	1:59	14	9
Schwarzer See bei Reinzig	2,6	9	1:18	15	1

Die relativen Einsenkungen sind ganz beträchtlich, wenn man die flachen Seen in der Seenkette von Bentschen bis Betsche ausscheidet. Ule fand, daß in Masuren im Mittel von 25 Seen sich das Verhältnis der Tiefe zur Arealgröße von 1:170 stellt, in Ost-Holstein im Mittel von 13 Seen auf 1:75. Die Verhältniszahlen in Ostholstein bewegen sich zwischen 1:30 und 1:153, während im Osten des baltischen Höhenrückens die Verhältnisse 1:32 und 1:499 die entsprechenden Meist- und Mindestwerte sind. Der Mittelwert der Verhältniszahlen der Seen der westposener Seenplatte dürfte wohl mit den für die ostholsteinischen gefundenen übereinstimmen, doch ist das Material erst noch durch weitere Lotungen zu ergänzen.

Die Ursachen der Oberflächengestaltung.

Für Nordostdeutschland, besonders für die Provinz Posen kommen von geologischen Schichten hauptsächlich das Tertiär und das Quartär mit seinen beiden Stufen, dem Diluvium und dem Alluvium, in Betracht. Das gilt auch für das Gebiet zwischen der Warthe und der Obra. Tiefere Bohrungen, welche das Tertiär durchsinken, fehlen. In neuerer Zeit wird bei Dürrlettel eine Bohrung, welche bis auf 500 m gehen soll, unternommen, doch kann über die Ergebnisse noch nichts berichtet werden. Das Tertiär bildet den Untergrund. Wir wissen zwar, daß das ältere Flözgebirge[9] ein Schollengebirge ist, dessen sehr wechselnde Höhen von Diluvium verschüttet sind, aber wir sind noch nicht in der Lage, die Unterkante des Diluviums genau zu zeichnen, wie es zum Teil für Dänemark und die Umgegend von Königsberg i. Pr.[10] geschehen ist. Am Schlusse der Miocänzeit[11] fanden im norddeutschen Flachlande namhafte Krustenbewegungen statt, durch welche die oligocänen und miocänen Ablagerungen zum Teil zu Sätteln und Mulden zusammengeschoben wurden, während andererseits auch Zerreißungen

---

9   E. Geinitz, Das Quartär von Nordeuropa. Stuttgart 1904. S. 223.
10 Jentzsch, Der tiefere Untergrund Königsbergs. Jahrb. der Kgl.
     Preuß. geol. Landesanstalt f. 1899. Berlin 1900. S. 170.
11 Wahnschaffe, Die Ursachen der Oberflächengestaltung des
     norddeutschen Flachlandes. Stuttgart 1901. S. 17.

eintraten und Senkungen von Gebirgsteilen erfolgten.

Dies zeigt sich auch auf den Hochflächen im Süden und Südwesten von Meseritz. Das Tertiär ist dort an vielen Stellen erbohrt. In geringer Tiefe beginnen in der Grube Gut-Glück bei Kainscht, Kreis Meseritz, die tertiären Ablagerungen. Sie bestehen aus einem langgestreckten Sattel[12] von regelmäßiger Form. Das östliche, nach Nipter zu gerichtete Ende ist abgerissen. Die höchste Stelle des Sattels liegt nur 7 m unter Tage. Auf den Sattelabhängen liegt über dem Braunkohlenflöz schwarzer Alaunton und brauner Glimmersand. Die Mächtigkeit des Braunkohlenflözes wechselt zwischen 5 und 7 ½ m. Es zerfällt in zwei durch feinen, braunen Quarzsand getrennte Bänke. Dunklerer Sand liegt unter der Kohle. Der Hauptschacht ist 70 m tief. Die vorkommenden Hölzer sind nach den vorläufigen Untersuchungen des Verfassers Koniferen, besonders häufig ist Taxodium distichum, die Sumpfcypresse. Es dürfte wohl eine Übereinstimmung mit den Braunkohlenhölzern der Mark Brandenburg, die v. Tellhorn[13] näher untersucht hat, vorhanden und diese Kohle dem Miocän zuzurechnen sein. Neuere Bohrungen, die in den Sommern 1904 und 1905

---

12 Rosenberg-Lipinsky, Die Verbreitung der Braunkohlenformation in der Provinz Posen. Jahrb. Der Kgl. Preuß. geol. Landesanstalt. Berlin 1892. S. 43.
13 v. Tellhorn, Die Braunkohlenhölzer in der Mark Brandenburg. 1893.

einige hundert Meter weiter nach Süden und Südwesten der Grube vorgenommen wurden, ergaben
das Resultat, daß sich das Flöz weiter fortsetzt. Das
Tertiär wurde aber in den verschiedensten Tiefen
aufgefunden; in einem Bohrloche lag über der mit
Geschieben durchsetzten, 5 m dicken Lehmschicht
eine 88 m dicke Schicht weißen tertiären Sandes mit
einem schwachen Kohlenflöz bei 87 m, in einem
anderen folgte auf die 4-5 m dicke, gelbe Lehmschicht eine 25 m dicke Schicht grauen, tonhaltigen
Sandes mit Steinen, darauf 10 m feste Kohle, 4 m
lose Kohle und darunter brauner Glimmersand; in
einem dritten lag die Kohle unter denselben Schichten erst 54 m tief, und in einem vierten fanden sich
unter einer 52 m dicken Schicht schwarzgrauen
Kieslehms mit Steinen 2 dünne Schichten Alaunton,
darunter bis 96 m grauer Sand. Weiter südlich bei
Kalau liegt das Tertiär auch tiefer, indem bei einer
Bohrung für einen Brunnen, die bis 33 m ging, nur
gelber Lehm, dann eine Sandschicht und darunter
blaugrauer Lehm mit Steinen gefunden wurde. Im
Dorfe Nipter lag bei einer Brunnenbohrung dagegen
der Alaunton nur einige Meter unter der Oberfläche.
Braunkohlenlager sind ferner im Westen von Meseritz bei Seeren, Pieske, Neudorf und Falkenwalde
aufgefunden worden. Auch auf der östlichen Hochfläche bei Lagowitz, Bauchwitz und Wischen
kommt Braunkohle in nicht ganz großer Tiefe vor.
Nähere Untersuchungen sind noch nicht gemacht
worden, aber die Tongrube bei Bauchwitz gibt einen

schönen Aufschluß des Tertiärs. Die Grube liegt dicht an der Chaussee nach Bentschen an einem Sandhügel, auf dem eine Windmühle steht. Die Tongrube ist seit 1882 im Betriebe und erstreckt sich bei 10 bis 15 m Tiefe von Norden nach Süden. Nahe der Mühle liegt unter einer 30 cm dicken Sandschicht 2 m gelber Lehm und ½ m eisenhaltiger feiner Sand. Darauf folgen die Schichten kalkfreien, tertiären Tons, der oben gelblich rot, nach unten zu rotbraun ist und dann schwärzlich wird. In der Wand sind zahlreiche kleine, bis kopfgroße Gipskristalle, die aus spießförmigen Blättern gebildet sind. Südlich der Mühle nimmt die Sandschicht an Dicke zu und erfüllt eine 10 m tiefe, in den Ton trichterförmig sich senkende Mulde, die als schmale Ader sich nach unten zieht. Auf feinen Sand folgt scharfer Grand, darunter Sand mit schwarzen, scharfen Körnern. An der Ostwand lagert unter einer 2 m dicken Lehmschicht mit größeren Geschieben Sand, der über dem Ton in eine feste, rotbraune Sandsteinschicht übergeht. Unter der Alauntonschicht streicht von Westen nach Süden unter einem Winkel von 40° bis 50° ein Braunkohlenflöz, das eine tonige, feste Kohle enthält. Das Wasser am Grunde der Grube ist durch den Eisengehalt des Tones rotbraun gefärbt. Auch im Nordosten von Bauchwitz ist das Zutagetreten eines Braunkohlenflözes an einigen Stellen durch die Farbe des Ackers erkennbar. Im Sommer 1905 wurde auf dem Bahnhofe Dürrlettel ein Brunnen gebohrt, und es wurden auch 1 bis 2 km westlich und nördlich davon Bohrungen vorgenommen. Auch hier liegt unter einer oft nur 6 m dicken Diluvialschicht mit Glimmersand vermischter, grauer tertiärer Ton, auf den in 36 m Tiefe schwarzer Alaunton folgt. Das Tertiär steigt also bei Kainscht und bei Bauchwitz auf ungefähr 100 m über den Meeresspiegel und liegt beim Bahnhof Dürrlettel nur noch 60 m hoch. Auch in der Ziegelei an der Chaussee nach Dürrlettel ist Alaunton aufgeschlossen. Im Meseritzer Becken haben zur Herstellung von Tiefbrunnen, Bohrungen in der Provinzial-Irrenanstalt Obrawalde stattgefunden, doch wurde in 100 m Tiefe das Tertiär nicht erreicht. Da die Höhe dort 55 m beträgt, so liegt der Sattel des Tertiärs bei Kainscht mindestens 200 m höher, als die in größeren Tiefen liegenden Tertiärschichten des großen Beckens. Dieses muß also schon zur Tertiärzeit als eine mächtige Mulde vorhanden gewesen sein.

Im Osten unseres Gebietes zeigt das Tertiär einen ganz anderen Charakter. Wir finden dort unter dem Diluvium den blauen Ton, eine Bildung, die nach den Ansichten von Berendt und Jentzsch[14] jünger als die märkische Braunkohle ist. Dieser sehr fette, plastische Ton wurde zuerst von Berendt als Posener Flammenton bezeichnet, weil diese Ablagerung[15] namentlich in ihrem oberen Teile durch das Auftre-

14 Rosenberg-Lipinsky, Die Verbreitung der Braunkohlenformation in der Provinz Posen. S. 71.
15 Wahnschaffe, Erläuterungen zur geol. Spezialkarte von Preußen. Blatt Obornik und Blatt Lukowo. 1900.

ten von gelblichen und roten Flecken und Streifen, die durch Oxydation entstehen, ein eigentümlich geflammtes Ansehen bekommt. Er hat gewöhnlich nur einen geringen Kalkgehalt, führt aber Gips in einzelnen kleinen Kristallen, sowie in Kristalldrusen und größere Kalkkonkretionen, sogenannte Septarien, die mehrfach mit von Kalkspat ausgefüllten Sprüngen und Rissen durchzogen sind. Bemerkenswert ist auch das Fehlen von Versteinerungen. Das Warthebett ist auf eine weite Erstreckung in den Flammenton eingeschnitten, und innerhalb der Talsandgebiete bildet er häufig den tieferen Untergrund. Da der oberste Grundwasserstrom auf der Oberfläche des undurchlässigen Tones entlang geht, so gibt er sich auch durch zahlreiche Quellen zu erkennen, die man namentlich bei niedrigem Wasserstande am Fuße der Steilufer des Flusses hervortreten sieht. Wenn man von Westen ausgeht, so begegnet man dem Flammentone zuerst ungefähr auf der Linie Kreuz, Birnbaum, Bentschen[16]. Einzelne, mehrere Kubikmeter große Fetzen, die durch starken Druck emporgepreßt und abgerissen sind, hat aber der Verfasser in der Kiesgrube bei Wierzebaum im Südwesten von Birnbaum beobachtet. Es soll ferner blauer, fetter Ton beim Bohren des Brunnens auf der Station Wierzebaum gefunden sein. Das wäre dann die Westgrenze seines Vorkommens. Im Süden, an der Obra, kommt er erst wieder am Südende des Bentschener Sees, bei Köbnitz, zu

---

16 Rosenberg-Lipinsky, Die Braunkohlenformation. S. 69.

Tage. Im Warthetale treten zwischen Birnbaum und Zirke tertiäre Schichten[17] hervor. Der Fluß geht wiederholt über das Ausgehende von Kohlenflözen hinweg. Hier haben die ältesten, wenn auch primitiven bergbaulichen Versuche in der Provinz Posen stattgefunden. Die Braunkohle liegt stets unter dem Flammentone und findet sich im Westen von Birnbaum bei Muchocin, Neu-Merine und Mokritz; im Osten ist ein Flözzug zwischen Steinshoff bei Bielsko und Alexandrowo bei Zattum. Abseits davon ist ein Lager bei Kulm und in Popowo. Ein Flözzug geht westlich von Zirke, ein Lager ist im Süden und ein anderes in Döbelwald. Die tertiären Tonschichten sind durchschnittlich 30 bis 40 m, z. B. auch in Grabitz bei Zirke 37 m, bei Mokritz aber nur 4 m stark. Bei Zattum und Zirke und an vielen anderen Stellen wird der Flammenton zu Ziegeln verarbeitet. Ein Abbau der Kohle findet nur noch in der Grube Clara bei Zirke statt. Das Lager bildet eine 300 m lange und 200 m breite Mulde, die von 1 m Dammerde und einer 7 m dicken Schicht blauen Tons bedeckt ist. Über neue Bohrungen, die weiter nach Osten stattgefunden haben, soll hier nur angeführt werden, daß im Jahre 1902 im Südwesten von Wronke bei Cmachowo (jetzt Bakeroda) die Diluvialschichten in den einzelnen Bohrlöchern 21, 38, 38, 27, 26, 33, 37, 20 m stark waren, in den Bohrlöchern bei Cmachowo-Huben 26 m, am Wege bei

---

17 Rosenberg-Lipinsky, Die Verbr. der Braunkohlenformation. S. 45
    u. f. und Girard, Die norddeutsche Ebene. S. 236

Luzianowo 21 m und an der Chaussee zwischen Wroblewo und Klodzisko 21 m. Darunter lag eine 8 bis 24 m starke Schicht Flammenton und braune und graue Ton- und Sandschichten mit schwachen Braunkohlenflözen. Das Hauptflöz, dessen Liegendes grauer Sand war, war über 2 m stark und lag meist in 45 bis 55 m Tiefe. Nach Osten hin nimmt die Mächtigkeit des Posener Flammentons zu. So ist er bei Obornik 35 bis 40 m, bei Rokietnice 55 m, am Wildator in Posen 84 m, in Dembsen 64 m und nach der russischen Grenze zu, oft fast 100 m stark. Der Flammenton ist nämlich in einem Bohrloche in Jarotschin 76 m, in Annapol bei Jarotschin 128 m stark. Auch für das nördlich der Warthe gelegene Gebiet der Provinz Posen gilt dasselbe, denn in Ciszkowko, Kreis Czarnikau, hat der blaue Ton eine Mächtigkeit von 30 m, in Idasheim, Kreis Wongrowitz, von 82 m, in Godzawa, Kreis Mogilno, von 84 m und in Twierdzyn, Kreis Mogilno, von 83 m.

Während das Klima der Miocänzeit[18] bei Beginn derselben in Deutschland noch ein subtropisches war, wurde es, wie aus dem Fehlen der Palmen im jüngeren Miocän und im Pliocän hervorgeht, allmählich kühler. Die sich unmittelbar an das Tertiär anschließende Diluvialepoche stellt die Zeit der langsamen Herausbildung der heutigen geographischen, klimatischen und biologischen Verhältnisse dar. Im Unterschiede von den Gesteinen der älteren

---

18 Kayser, Lehrbuch der Geologie. Stuttgart 1891. S. 317 u. f.

Formationen besteht die Hauptmasse der diluvialen Bildungen nicht sowohl aus im Meere, oder in großen Landseen entstandenen Ablagerungen, als vielmehr aus Absätzen fließenden Wassers. Die betreffenden Schotter-, Kies-, Sand-, Ton-, Lehm-, Kalksinter- und Torfbildungen sind daher im Wesentlichen an die heutigen Flußtäler geknüpft, welche der Mehrzahl nach schon in diluvialer Zeit vorhanden, wenn auch nicht bis auf ihr heutiges Niveau ausgetieft waren. Neben diesen Bildungen spielen auch äolische, d. h. Wind zusammengetragene Lehme und Sande eine Rolle. Gehen diese schon vielfach über das Gebiet der heutigen Talzüge hinaus, so gilt dies noch in höherem Grunde von den merkwürdigsten Diluvialgebilden, den unter Mitwirkung von Eis entstandenen, oder glacialen Ablagerungen, welche in Europa als eine mehr, oder weniger zusammenhängende Decke über ungeheure Flächen verbreitet sind. Sein Hauptgepräge erhält das Diluvium durch die starke, sich damals über die ganze nördliche Halbkugel, vielleicht sogar über die ganze Erde geltend machende Temperaturerniedrigung. Die Ursachen dieser auffälligen und intensiven Kälteperiode, der sogenannten Eiszeit, sind noch nicht aufgeklärt, obgleich eine große Reihe von Theorien aufgestellt sind, die teils Vorgänge auf dem Erdkörper selbst, teils Änderungen in den astronomischen Verhältnissen zur Erklärung heranziehen. Als mit Beginn der Diluvialepoche die Temperatur in dem Grade sank, daß sich durch reichlichere Niederschläge in Europa, besonders in den skandinavischen Hochgebirgen, ungeheure Gletscher entwickelten, wurde auch Deutschland mit einer mächtigen, fast ununterbrochenen Eisdecke nach Art der sich gegenwärtig über ganz Grönland ausbreitenden Inlandeisdecke überzogen. Innerhalb der Eiszeit fanden wiederholte Schwankungen des Klimas und damit Änderungen in der Ausdehnung der Gletscher statt, bis in der zweiten Hälfte die Eismassen allmählich ganz abgeschmolzen. Die Zeitdauer vom Beginn der Diluvialzeit bis zu unserer Zeit ist von einigen Geologen auf 200000 bis 300000 Jahre geschätzt worden, wobei auf das jeweilige Vorrücken des Eises nur halb so viel Zeit als auf das Abschmelzen gerechnet wird. Zuerst drang der Eisrand im Osten nur bis in die Gegend der heutigen Ostseeküste vor, später aber war die Verbreitungsgrenze der Hauptvereisung[19] eine Linie, welche sich von den Rheinmündungen bis an die Gehänge der mitteldeutschen Gebirge entlang zieht, im Osten das Lausitzer und Riesengebirge bis zu einer beträchtlichen Höhe (bis 560 m) ersteigt, welche sich ferner am Nordabfalle der Karpathen bis östlich von Krakau verfolgen läßt. Die letzte Vereisung drang weniger weit vor, das Eis bedeckte aber sicher noch einmal die Provinzen Brandenburg und Posen und reichte in Schlesien bis an die Trebnitzer Höhen.

---

19 Geinitz, Das Quartär. S. 222.

Das wichtigste Gestein der Quartärbildungen ist der Geschiebemergel, oder gemeine Diluvialmergel[20]. Er wird als Grundmoräne, oder zum Teil auch als Innenmoräne des Inlandeises angesehen. Es ist ein durch regellos eingemengte Geschiebe, Gerölle, Grand und Sand besonders widerstandsfähiges, in feuchtem Zustande zähes, oder auch in getrocknetem hartes, tonigkalkiges, oder auch mehr kiesiges Gestein, ohne jegliche innere Schichtung. Eine Unterscheidung der Ablagerungen der verschiedenen wiederholten Eisdeckungen als unterer und oberer Geschiebemergel erfolgt eigentlich nur nach den Lagerungsverhältnissen, beziehungsweise der geognostischen Stellung bei im Großen und Ganzen gleicher Zusammensetzung. Eine Eigentümlichkeit sind in der einheitlichen Moränenmasse[21] bisweilen vorkommende, parallele Lagen, die sich durch besonderen Steinreichtum auszeichnen, oder als Steinpflaster erscheinen. Zwischen den einzelnen Lagen ist sogar manchmal die Farbe und übrige Beschaffenheit des Geschiebemergels verschieden, so daß man von einzelnen überlagernden Bänken sprechen kann. Dieser Geschiebemergel findet sich in unserem Gebiete auf den schon früher beschriebenen Hochflächen im Süden, Osten und Norden von Meseritz und bedeckt auch den größten Teil der westposener Seenplatte. Er wird stellenweise auch zur Ziegelbereitung benutzt, z. B. in den Ziegeleien

---

20 Geinitz, Das Quartär. S. 55.
21 Geinitz, Das Quartär. S. 60.

bei Kalau im Süden von Meseritz, und wird in vielen Feldöfen in dem ganzen Gebiete gebrannt. Schöne Aufschlüsse finden sich in den Hohlwegen und Lehmgruben bei Kurzig, Kainscht, Hochwalde, Wischen, Liebuch, Dormowo, Kähme, Kwiltsch und vielen anderen Orten. Da durch den Eisdruck der Untergrund häufig gestört ist, so greift der Geschiebemergel oft in Buchten und Zacken in den Untergrund ein. Dies läßt sich gut in der Kiesgrube im Westen von Bauchwitz, auch in der Tongrube daselbst, ferner in der Lehmgrube bei Prittisch, und in der Kiesgrube im Norden von Lowin beobachten. Unterer Geschiebemergel konnte bisher vom Verfasser nur an einigen Stellen von dem oberen scharf getrennt werden. In dem tiefen Bahneinschnitte an der neugebauten Bahn Schwerin-Wierzebaum im Südwesten von Gollmütz liegt er unter einer starken Grand- und Sandschicht, die ihn vom oberen Mergel trennt, in derselben Lagerung in dem westlichen Einschnitte vor dem tiefen Tale bei Prittisch und dem Tale selbst, wo beim Brückenbau ein blaugrauer Mergel mit vielen kleinen Geschieben einige Meter unter der Sohle des Baches sich vorfand. An der Oberfläche verwittert der Geschiebemergel[22] zu Geschiebelehm, oder Geschiebesand. Das einsickernde Wasser entführt den Kalkgehalt oft gänzlich. Der kohlensaure Kalk kann sich in tieferen Schichten ablagern und dann Sande und Grande zu einer festen, zementähnlichen Schicht verkitten.

---

22 Geinitz, Das Quartär. S. 64 u. 65.

Dergleichen Schichten hat der Verfasser am Liebucher See und in ½ bis 1 m Tiefe auf dem Acker bei Groß-Lenschetz vorgefunden. Der bei der Durchlüftung zutretende Sauerstoff ändert die blaugraue Farbe in grünlichgraue und lehmgelbe. Durch mechanische Arbeit des Wassers können die Feinteile entführt werden, und es bildet sich ein immer sandigerer Lehm heraus, der schließlich in sandigen Lehm und lehmigen Sand übergeht, eine sandige Verwitterungsrinde bildend. Kräftiger wirkendes Wasser bildet den Geschiebemergel zu Geschiebesand, oder Decksand um, entfernt schließlich die letzten Sandmengen, und es bleibt nur die Steinbestreuung, oder Steinkohle übrig. Durch eine solche, Jahrtausende fortwährend stattfindende Fortspülung können aus dem Geschiebelehm die größeren Steine bloßgelegt werden. Dadurch und durch das Pflügen der Äcker ist die noch vielfach verbreitete Ansicht vom „Wachsen der Steine" zu erklären. Die bloßgelegten, oder auch durch Ausgraben gewonnenen Steine finden in unserm ganzen Gebiete des Geschiebemergels zu Haus- und Kirchenbauten, zur Herstellung von Mauern, zum Pflastern von Straßen und zur Herstellung von Chausseen Verwertung. Besonders groß ist der Reichtum an Geschieben in der Kiesgrube in Wierzebaum, bei Kainscht, Altenhof, Goray, Dormowo, Glozewo, Mechnatsch, Kwiltsch und Groß-Lenschetz und in einem Bache bei Groß-Lenschetz, ein größeres Kalkgeschiebe im Bahneinschnitte im Süden von Prittisch und ein

64

anderes bei Goldenschiff an derselben Bahn vorgefunden. In der Vorheide bei Birnbaum lag noch vor ungefähr 30 Jahren ein grauer Gneis mit Granaten, fast 6 m lang, über 3 m breit und 2 bis 3 m dick, also von über 40 cbm Inhalt, der dann gesprengt wurde.

Die Moränenlandschaft ist in zwei Formen vertreten[23]. Unter Moränenebene, oft auch Grundmoränenebene genannt, versteht man die mit Geschiebemergel bedeckten, ausgedehnten Hochflächen, eben, oder schwach wellig, meist von der oberen, oder Innenmoräne gebildet. Die Hochfläche im Süden und Osten von Meseritz, sowie der östliche Teil der Seenplatte und die große Posener Diluvialhochebene gehört zu diesem Typus. Die Moränenlandschaft kann aber auch stark hüglig, unregelmäßig bewegt und reich an geschlossenen Depressionen sein. Man hat sie als Endmoränenlandschaft bezeichnet, da sie meist an den Nordrand der sogenannten Endmoränen sich anschließt. Wir finden sie im Westen von Meseritz auf der Sternberger Hochfläche, im Süden bei Schwiebus, im Norden bei Neugörzig und besonders schön ausgeprägt zwischen Gorzyn und Dormowo und bei Kähme. Wenn das Eis längere Zeit zum Stillstand kam, oder der Eisrand noch einmal ein kleines Stück vorrückte, um dann wieder nach Norden zurückzugehen, so wurde das Material vor dem Eise zusammengeschoben, oder aufgestaut. Diese Stillstandslagen des Eis-

---

23 Geinitz, Das Quartär. S. 298 u. 302.

randes werden durch die sogenannten Endmoränen bezeichnet. Wie viele der heutigen großen Gletscher mit einer, oder mehreren Eiszungen endigen, so verhielt es sich auch mit dem Rande des Inlandeises. Wir finden daher die Endmoränen in großen Bogen angeordnet, die meist in kleinere Bogenstücke zerfallen und oft getrennte Parallelzüge enthalten. Meist sind es wallartige Blockanhäufungen, die unabhängig von der Höhenlage des Geländes über bedeutende Höhen und tiefe Täler sich fortsetzen. Oft aber sind die Rücken und Kuppen der Endmoränenzüge nur durch breite, oder schmale Flächen mit starker Steinbestreuung, oder Blockpackungen verbunden, welche hier die Stillstandslage des Eises andeuten. Im Westen von Meseritz überschreitet bei Schermeisel ein Endmoränenzug[24] die Eisenbahnlinie. Er besteht aus zwei parallelen, 400 bis 1000 m von einander entfernten, in rundliche Hügel zerfallenden Kämmen, die von Schermeisel über Langenpfuhl und Schönow nach Seeren und Burschen laufen. Ein südlicher Zug zieht sich zwischen Drossen und Zielenzig nach Lagow hin. Eine dichte Steinbestreuung bei Groß-Kirschbaum, Schönow und Neu-Lagow verbindet beide Züge miteinander. Die bedeutenden Steinwälle östlich und westlich des Sees bei Lagow werden in ihrer Richtung fortgesetzt durch die Endmoränen bei Schwiebus. Die durch die höchsten Punkte bezeichnete Endmoräne zieht sich in flachem Bogen westlich von Merzdorf bei

---

24 Wahnschaffe, Die Ursachen der Oberflächengestaltung. S. 153.

Schwiebus südlich um die Dörfer Jehser und Walmersdorf herum, bis nach Klein-Dammer und wird durch eine flachere, aus kleinen Kopfsteinen bestehende Vormoräne begleitet, die 4 km südlich beginnt und in der Richtung nach Bomst sich verfolgen läßt. Meseritz liegt in der zentralen Depression des nach Süden vordringenden Endmoränenbogens. Die Endmoränen treten auch oft in Form von Staumoränen[25] auf, Rücken mit steil aufgerichteten Sanden und Granden, vermischt mit Bänken gröberen Gerölles, deren Schichten meist steil mit der Böschung zusammenfallen. Als derartige Moränen sind die Höhenzüge aufzufassen, die mit der Kuppe, an der die große Wierzebaumer Kiesgrube liegt, beginnen und über Neugörzig nach Dormowo laufen. Die Kiesgrube bei Wierzebaum zeigt außer den genannten Erscheinungen auch im Kiese große Stücke Flammentons, neben ihm kleinere Alauntons und Decktons, welche durch den Eisdruck abgerissen und weitergeschoben sind. An diesen Höhenzug schließt sich ein mehr ebenes Steinbeschüttungsgebiet bei Glozewo an. Im Norden des Zuges liegt die Endmoränenlandschaft, die von Gorzyn bis Kähme sich hinzieht. Der Endmoränenzug wird nach Osten undeutlicher, doch starke Steinbestreuung im Süden von Wituchowo und in Steinhorst bei Pinne deuten darauf hin. Ob dieser Zug nun südlich, oder nördlich von Posen weiterläuft und mit der Endmoräne bei Wittkowo, die in der Richtung nach Pudewitz sich

---

25 Geinitz, Das Quartär. S. 306.

fortsetzt, in Verbindung steht, ist erst durch genauere Untersuchungen noch festzustellen.

Beim Abschmelzen des Eises entstanden ungeheure Wassermengen, welche den Geschiebemergel abschlemmten, und es bildeten sich die beiden Typen der Sedimente, die Sande und der geschichtete Tonmergel[26]. Schon unter dem Eise kann das Schmelzwasser diese Aufarbeitung hervorbringen, weiterhin werden die dem Eisrande entströmten Gletscherbäche dasselbe besorgt haben. Je weiter nach Süden zu, um so mehr Material haben Eis und Schmelzwasser aus dem einheimischen Boden entnommen. So zeigte Berendt, daß die norddeutschen Sande einen viel höheren Quarzgehalt haben, als die schwedischen, 80 % gegen 31 %. Das nordische Eis muß also auf seinem Wege große Mengen von Quarzsand meist aus dem Tertiär aufgenommen haben. Durch Zerstörung von Kreidelagern, oder -schollen hat der Sand häufig große Mengen Kreidefossilien aufgenommen. So hat schon 1850 Kade aus den Sanden und Granden des Schanzenberges bei Meseritz eine große Anzahl derselben, namentlich Haifischzähne und Bryozoen gesammelt. Die Gruppen der Sande werden nach der Korngröße und ihrer Zusammensetzung verschieden benannt. So unterscheidet man Spatsand, welcher bis 15 % Feldspat enthält, Glimmersand, Mergelsand, Korallensand und Bryozoensand. Treibsand, oder Wellsand

---

26 Geinitz, Das Quartär. S. 66 u. f.

ist ein feiner Sand, der reichlich Wasser führt. Die Sandschichten sind überhaupt wichtig für die Wasserführung und bilden vielfach die Reservoire fürs Grundwasser, die von Brunnen und Quellen angezapft werden. In dem Meseritzer Becken wird die obere, 1-2 m starke Sanddecke, die dem Alluvium angehört, von diluvialem, geschichtetem, fetten Tonmergel, sogenanntem Deckton, unterlagert. Nach unten wechseln Ton-, Sand-, oder Kiesschichten bis zu 100 m Tiefe miteinander ab. Wasserführend ist die obere Sandschicht und namentlich auch eine andere, die sich in 30 bis 45 m Tiefe findet. Bei der Bohrung in der Provinzial-Irrenanstalt hat man auch in einer Tiefe von über 90 m eine wasserführende Grandschicht erbohrt. Auch hier sind, wie überall, die Diluvialsande stets kalkhaltig und bilden einen scharfen Gegensatz zu den tertiären Sanden, die auch nie den leicht gelblichen Farbenton zeigen. Bei der bedeutenden Wasserdurchlässigkeit der Sande wird der Kalkgehalt der oberen Lagen rasch ausgelaugt, gleichzeitig findet eine höhere Oxydation der Eisenverbindungen statt, wodurch die oberen Lagen eine gelb- bis rostbraune Farbe erhalten. Der weggelaugte Kalk wird vielfach in tieferen Lagen abgesetzt, als weißer Beschlag von Spalten, oder Wurzeln und bildet auf weniger durchlässigen Schichten eine Art Diluvialsandstein. Ähnliches kann auch durch Eisenlösungen erfolgen. Solcher Sandstein findet sich vielfach, besonders schön in der Bauchwitzer Tongrube. Die Diluvialsande haben die Eigentümlichkeit, daß namentlich die grobkörnigen in ihrer Körnergröße oft wechseln. Auch in den vielen Sand- und Kiesgruben des Gebietes finden sich in rascher Folge fein- und grobkörnige Lagen übereinander. Nur die Feinsande zeigen oft in vertikaler und horizontaler Erstreckung ein größere Einförmigkeit. Alle Sande zeigen deutliche Schichtung und häufig auch die Kreuzschichtung, oder diskordante Parallelstruktur, dem raschen Wechsel der Bewegungskraft des Wassers entsprechend, auch hat die Schichtung später in mannigfacher Weise Störungen erfahren. Die Sande sind meist auf weiten Flächen, die sich vor dem Eisrande ausbreiteten, abgelagert worden. Diese Flächen werden als „Sandr" bezeichnet. Solche Sandgebiete liegen im Norden von Tirschtiegel und im Norden von Meseritz.

Das andere Schlemmprodukt, der Diluvialtonmergel[27], zeigt eine gleichmäßigere Beschaffenheit. Meist steinfrei, in unverwittertem Zustande stets kalkhaltig (15 % bis 20 %, auch 35 %) und dadurch vom tertiären Ton unterschieden, von blaugrauer, dunkel-, oder hellgrauer, oder rötlichgelber und brauner Farbe ist er als Sediment, der feinsten Teile der ausgeschlemmten Moräne zu betrachten, dessen Niederschlag erst in ruhigem Wasser stattfinden konnte. Daraus erklärt sich die ausgezeichnete feine Schichtung, die ihm auch den Namen „Bänderton"

---

27 Geinitz, Das Quartär. S. 69 u. f.

gegeben hat und bei Meseritz besonders gut in der Tongrube bei Bobelwitz beobachtet werden kann. Ferner findet sich Wechsellagerung mit dünnen Sandschichten, die man mit Jahresringen vergleichen kann, bedingt durch periodisch etwas stärker bewegtes Wasser. Derartige Tonablagerungen sind in den Tälern und Seebecken des ganzen Gebietes vorhanden, besonders aber bei Meseritz am Ufer der Obra von Solben bis Georgsdorf, während hinter der Eisenbahnbrücke das Steilufer aus Geschiebemergel besteht. Durch sein Vorkommen kann die Grenze der ehemaligen Wasserbedeckung der Täler und Seebecken festgestellt werden. Er wird auch in vielen Ziegeleien in Meseritz, Bobelwitz, Zielomischel, Schwerin und andern Orten gebrannt. Da seine Verwitterung, wie die des Geschiebemergels verläuft, so bilden sich in den oberen Lagen die den Ziegelbrennern willkommenen roten und gelben Tone, unten bisweilen rote Letten und sehr häufig unregelmäßige Kalkkonkretionen, die Mergelnüsse, oder Ingwersteine.

Durch die Tätigkeit der Schmelzwässer sind auch die langgestreckten Wallberge entstanden, die „Asar". Sie bestehen aus Sand, oder Geröllen, zeigen sich oft als lange, sehr schmale Rücken. Über ihre Entstehung herrschen die verschiedensten Ansichten, man erklärt sie als Deltabildungen subglacialer Flüsse am Rande des Eises, oder als Ablagerungen von Gletscherbächen, die unter dem Eise in Kanälen Sedimente zurückließen. Als solche Bildungen sind der lange Rücken, der sich im Süden von Goray bis Scharzig hinzieht, sowie der lange Berg im Osten von Goray, einige Sandhöhen im Osten von Schilln und auch der Rücken im Süden von Reinzig aufzufassen. Der Schwarze See ist dann wahrscheinlich ein durch Ausstrudelung entstandener Kessel. Durch das Abschmelzen des Eises[28] wurde das von ihm verlassene Gelände plötzlich unter Wasser gesetzt. Stromschnellen und Wasserfälle leisteten dann eine gewaltige Arbeit der Ausstrudelung, Abtragung und Zerstörung. Der Tätigkeit der an dem Südrande der Stillstandslagen, die durch die großen Endmoränenzüge sich kenntlich machen, abfließenden Gewässer verdanken nach Keilhack[29] die großen von Osten nach Westen gehenden Urstromtäler ihre Entstehung, wenn sie auch teilweise als Senken zur Tertiärzeit schon vorhanden waren. Die Schmelzwässer vertieften alte Täler und bildeten neue; auch viele Seen entstanden als Überreste solcher Ströme. Ferner verdanken ihnen die unzähligen isolierten Seen, Teiche, Sümpfe, Moore, Kessel und Sölle, kreisrunde Wasserlöscher im Gebiete der Moränenlandschaft, ihren Ursprung[30]. Die meisten der im zweiten Abschnitte geschilderten Täler unseres Gebietes sind zu weit und zu tief für ihr jetziges Drainagesystem. Alle zei-

---

28 Geinitz, Das Quartär. S. 314 u. f.
29 Keilhack, Die Stillstandlagen des letzten Inlandeises. Jahrb. d. Kgl. preuß. geol. Landesanstalt. Berlin 1899.
30 Geinitz, Die Seen, Moore und Flußläufe Mecklenburgs. Güstrow 1896.

gen eine größere Erosionswirkung, als sie das heute in ihnen strömende Wasser hervorzubringen im Stande wäre. Der Talbeginn liegt oft oben auf dem Plateau und macht sich durch eine kleine, flache Senke, oder durch eine Reihe von Söllen, oder ähnlichen Bodendepressionen bemerkbar. Dies und die Tatsache, daß oft in unmittelbarer Nachbarschaft Täler nebeneinander herlaufen, zeigt, daß die Seenplatte plötzlich unter den Einfluß der mächtigen Schmelzwässer geraten war. Die Zirkusformen, z. B. des Talbeginns des Kähmer Fließes bei Lewitz und anderer oft amphitheatralisch rasch ansteigender Talanfänge, sind der Wirkung strudelnder Wässer, der Evorsion, zuzuschreiben. Die Täler zeigen auf beiden Seiten der westposener Seenplatte denselben Unterschied, welchen Geinitz schon in Mecklenburg gefunden und beschrieben hat. Während die nach Süden gerichteten Täler einen normalen Verlauf in ihrem Anfange nehmen, nämlich sich allmählich aus dem Sandgebiete, dem Sandr, entwickeln, dann nach und nach breiter und tiefer werden, zeigen die nach Norden gerichteten einen ganz anderen Charakter. Sie setzen sofort in voller Breite und großer Tiefe, oft mit einem kesselförmigen Zirkustalbeginn ein, der durch Evorsion entstanden ist. Nach Geinitz ist die Erscheinung entweder durch subglaciale Talbildung zu erklären, wobei die Schmelzwässer unter der Gletscherzunge geflossen wären, oder so, daß das Eis sehr rasch von der Endmoränengrenze nach Norden, oder Nordwesten zurückwich und das Land der offenen Evorsion und Erosion preisgab. Dabei wurden nach Norden gehende, alte Mulden und Talfurchen als Wege benutzt und vertieft.

Die vielen Seen des Gebietes sind teilweise Evorsionsseen, durch vertikal, oder schräg wirkende Schmelzwässer ausgestrudelt. Als Beispiel dafür könnte der Bialokoscher See angeführt werden. Vielleicht sind auch einige andere tiefe Seen, wie der Staluner See, der Pfarrsee und der Tscheischtsee, auf diese Weise entstanden. Auch die kleine, einem Fjord ähnliche Südbucht des Liebucher Sees ist durch Evorsion entstanden. Andere Seen sind Grundmoränenseen, welche von Wahnschaffe zuerst so benannt wurden. Sie füllen, wie der Gorzyner, Chrzypskoer und Höllengrund-See, die Vertiefungen der kupierten Grundmoränenlandschaft. Zu den Rinnen-, oder Flußseen, die durch die völlige, oder teilweise Erfüllung von früheren Gletscherflußläufen entstanden sind, sind die Seen der schon beschriebenen Kette, die sich von Bentschen bis Rokitten zieht, zu zählen.

So sehen wir, daß die Grundzüge der Oberflächengestaltung des Gebietes, die Erhebungen und Senken, schon in der Tertiärzeit entstanden sind. Die Formen wurden während der diluvialen Eiszeiten verhüllt. Die Höhen wurden mit Geschiebemergel bedeckt, während Sande und Tonmergel die Vertiefungen erfüllten. Die der Diluvialzeit folgende Alluvialzeit hat nur wenig eingewirkt. Der Geschiebemergel wurde an der Oberfläche entkalkt und in sandigen Lehm, oder lehmigen Sand verwandelt. Geringe Sand- und Tonbildungen wurden durch die Tätigkeit der Bäche, Flüsse und des Regenwassers in die Täler herabgeschwemmt. Auf den Sandflächen wurden an manchen Stellen durch den Wind kleinere, oder größere Dünen gebildet. Große Dünenzüge ziehen sich in dem Gebiete zwischen Warthe und Netze hin, aber auch kleinere, aus Flugsand gebildete, zeigen sich im Norden von Meseritz, im Osten in der Nähe des Bobelwitzer Sees und im Westen zwischen Grunzig und Falkenwalde. Außerdem schufen die Pflanzen eine Humusschicht. In den nassen Vertiefungen aber konnten einzelne kleine Becken vollständig zuwachsen und Moore und Torflager entstehen.

Ende.